Kuaidi Yewuyuan(Gaoji)Zhiye Jineng Jianding

快递业务员(高级)职业技能鉴定

Kaoshi Zhidao Shouce

考试指导手册

国家邮政局职业技能鉴定指导中心　组织编写

人民交通出版社

内容提要

本书为依据《快递业务员国家职业技能标准》，参照快递业务员国家职业技能鉴定培训教程《快递业务员（高级）快件收派》和《快递业务员（高级）快件处理》的主要内容，配合快递业务员（高级）职业技能鉴定考试而编写的考试辅导用书。

本书内容精练浓缩，紧密围绕快递业务员（高级）考试进行编写，涵盖了快递业务员（高级）职业技能考试的所有鉴定知识点，能帮助考生掌握快递业务员考试具体要求、必考知识点与考试题型、答题技巧。附录部分模拟题可供考生进行仿真测试，便于考生掌握从事职业活动的重点知识内容，提高操作技能。

本书可供选考快件收派（高级）与快件处理（高级）模块的考试人员参考使用。

图书在版编目(CIP)数据

快递业务员（高级）职业技能鉴定考试指导手册/国家邮政局职业技能鉴定指导中心组织编写. --北京：人民交通出版社，2012. 8

ISBN 978-7-114-09979-3

I. ①快… II. ①国… III. ①邮件投递－职业技能－鉴定－自学参考资料 IV. ①F618. 1

中国版本图书馆 CIP 数据核字(2012)第 173597 号

书　　名：快递业务员(高级)职业技能鉴定考试指导手册
著 作 者：国家邮政局职业技能鉴定指导中心
责任编辑：孙　玺　王文华　周　宇
出版发行：人民交通出版社
地　　址：(100011)北京市朝阳区安定门外外馆斜街 3 号
网　　址：http://www. ccpress. com. cn
销售电话：(010) 59757973
总 经 销：人民交通出版社发行部
经　　销：各地新华书店
印　　刷：北京市密东印刷有限公司
开　　本：787×1092　1/16
印　　张：10
字　　数：237 千
版　　次：2012 年 8 月　第 1 版
印　　次：2013 年 5 月　第 2 次印刷
书　　号：ISBN 978-7-114-09979-3
定　　价：22. 00 元

前　言

为了有效地履行政府职能，体现公共服务，依法实行快递市场准入制度，推动邮政行业建立国家职业资格证书制度，建设高技能型人才队伍，2008 年 8 月 11 日，人力资源和社会保障部、国家邮政局共同颁布了《快递业务员国家职业技能标准》（以下简称《标准》），并依据该《标准》，启动了快递业务员国家职业技能鉴定工作。

快递业务员国家职业资格共设立五个等级，分为“快件收派”与“快件处理”两大考核模块。围绕《标准》，根据当前职业技能鉴定工作实际与职业培训的需要，国家邮政局职业技能鉴定指导中心组织快递服务领域相关专家、学者及有关人士编写了《快递业务员（高级）职业技能鉴定考试指导手册》（以下简称《手册》）。

本《手册》是依据《标准》，参照快递业务员国家职业技能鉴定培训教程《快递业务员（高级）快件收派》和《快递业务员（高级）快件处理》的主要内容，配合快递业务员（高级）职业技能鉴定考试而编写的考试辅导用书。《手册》内容精练浓缩，紧密围绕快递业务员（高级）考试进行编写，涵盖了快递业务员（高级）职业技能考试的所有鉴定知识点，能帮助考生掌握快递业务员考试具体要求、必考知识点与考试题型、答题技巧。《手册》附录部分模拟题可供考生进行仿真测试，便于考生掌握从事职业活动的重点知识内容，提高操作技能。《手册》适用于选考快件收派与快件处理（高级）模块的所有考生，力求服务于考生，成为真正有效实用的快递业务员（高级）考试指南。

本《手册》由国家邮政局职业技能鉴定指导中心组织编写，山东工程技师学院承担编写工作，在编写过程中得到了快递行业领导和专家的鼎力支持，在此一并表示感谢。

由于编写时间仓促且作者水平有限，不妥之处在所难免，敬请专家、同行与广大考生批评指正。

国家邮政局职业技能鉴定指导中心

2012 年 6 月

目　录

第一章　国家职业技能鉴定概述 …… 1
第一节　职业技能鉴定体系与国家职业资格证书制度 …… 1
一、职业技能鉴定体系 …… 1
二、国家职业资格证书制度 …… 1
三、国家职业技能标准 …… 2
第二节　职业技能鉴定命题与国家题库 …… 2
一、职业技能鉴定命题理论 …… 2
二、职业技能鉴定命题技术与方法 …… 2
三、职业技能鉴定国家题库 …… 3
第二章　快递业务员(高级)职业技能鉴定概述 …… 4
第一节　快递业务员职业技能鉴定概况 …… 4
一、快递业务员(高级)国家职业技能标准 …… 4
二、快递业务员职业技能鉴定办法 …… 5
第二节　快递业务员(高级)快件收派职业技能鉴定要素细目表 …… 6
一、理论知识鉴定要素细目表 …… 6
二、操作技能鉴定要素细目表 …… 16
第三节　快递业务员(高级)快件处理职业技能鉴定要素细目表 …… 16
一、理论知识鉴定要素细目表 …… 16
二、操作技能鉴定要素细目表 …… 29
第三章　快递业务员(高级)职业技能鉴定考试解析 …… 30
第一节　快递业务员职业技能鉴定考试介绍 …… 30
一、快递业务员(高级)命题原则与依据 …… 30
二、快递业务员(高级)考试题型与答题要求 …… 30
第二节　快递业务员(高级)快件收派考试知识要点 …… 31
一、基础理论知识考试要点 …… 32
二、快件收派知识考试要点 …… 45
第三节　快递业务员(高级)快件处理考试知识要点 …… 86
一、基础理论知识考试要点 …… 86

二、快件处理知识考试要点 …………………………………………………… 86
附录一　快递业务员(高级)**快件收派职业技能鉴定模拟试题**(理论) ……… 124
附录二　快递业务员(高级)**快件收派职业技能鉴定模拟试题**(技能操作) … 135
附录三　快递业务员(高级)**快件处理职业技能鉴定模拟试题**(理论) ……… 140
附录四　快递业务员(高级)**快件处理职业技能鉴定模拟试题**(技能操作) … 151

第一章　国家职业技能鉴定概述

快递业务员职业技能鉴定是邮政行业推行国家职业资格证书制度，提高快递从业人员知识技能水平的重要举措。

第一节　职业技能鉴定体系与国家职业资格证书制度

一、职业技能鉴定体系

(一)职业技能鉴定的概念

职业技能鉴定是按照国家规定的职业标准，通过政府授权的考核鉴定机构，对劳动者的专业知识和技能水平进行客观公正、科学规范的评价与认证的活动。

(二)职业技能鉴定的性质

(1)职业技能鉴定属于标准参照考试(CRT)。考试结果具有绝对性，一个考生能否达标不受其他考生成绩影响，只取决于他自己的考分与及格标准的关系。

(2)职业技能鉴定属于综合性社会考试。其对象是社会劳动者，涉及所有的职业领域，并覆盖了各种性质的企事业单位。因此，为了全面准确地考核出劳动者的职业技能，职业技能鉴定方式必须综合运用多种考试方式和手段，将知识考试与实际操作考核相结合、面试与笔试相结合、特定考场考试与工作现场考核相结合、团体考试与个体考试相结合，才能全面准确地考核出劳动者的职业技能。

(三)职业技能鉴定的特点

(1)职业技能鉴定以职业活动为导向；
(2)职业技能鉴定以实际操作为主要依据；
(3)职业技能鉴定以第三方认证原则为基础。

(四)职业技能鉴定体系

我国于1996年开始在全国建立职业技能鉴定工作质量保障体系，确定了统一鉴定所站条件、统一考评人员资格、统一命题管理、统一考务管理和统一证书核发办法的“五统一”原则。

二、国家职业资格证书制度

职业资格证书是反映劳动者专业知识和职业技能水平的证明，是劳动者通过职业技能鉴定进入就业岗位的凭证。根据各职业活动范围、工作内容的数量和质量、工作责任等要素，我国正式确定了国家职业资格的等级设置为五个级别。国家职业资格五级、四级、三级分别对应技术等级的初、中、高级；二级和一级分别对应技师和高级技师。

三、国家职业技能标准

国家职业技能标准是在职业分类的基础上，根据职业的活动内容，对从业人员工作能力水平的规范性要求。国家职业技能标准在整个国家职业资格体系中起着重要的导向作用，引导职业教育培训、鉴定考核等活动。职业技能鉴定命题严格按照国家职业标准进行。鉴定考核运用职业技能鉴定试题，按照国家职业标准规定的时间和方式，组织对鉴定对象的职业能力进行测试。

国家职业标准基本结构由职业概况、基本要求、工作要求和比重表四部分组成。其中，工作要求是国家职业技能标准的核心部分。

职业概况是对本职业的基本情况的描述。

基本要求包括职业道德和基础知识。职业道德是指从事本职业工作应具备的基本观念、意识、品质和行为的要求，一般包括职业道德知识、职业态度、行为规范；基础知识是指本职业各等级从业人员都必须掌握的通用基础知识，包括与本职业密切相关并贯穿整个职业的基本理论知识、有关法律知识和安全卫生、环境保护知识。

工作要求包括职业功能、工作内容、技能要求、相关知识。职业功能是指一个职业所要实现的活动目标；工作内容是指完成职业功能应做的工作；技能要求是指完成每一项工作内容应达到的结果或应具备的技能；相关知识是指完成每项操作技能应具备的知识，主要指与技能要求相对应的技术要求、有关法规、操作规程、安全知识和理论知识等。

比重表包括理论知识比重表和技能比重表。理论知识比重表反映基础知识和每一项工作内容的相关知识在培训考核中应占的比例，技能比重表反映各项工作内容在培训考核中所占的比例。

第二节　职业技能鉴定命题与国家题库

职业技能鉴定考试的所有试题均来自于国家题库。下面介绍职业技能鉴定的命题技术与国家题库的形成。

一、职业技能鉴定命题理论

职业技能鉴定命题是指以国家职业标准为内容依据，按照标准，参照考试命题规则，编制鉴定考核的试题、试卷的过程。

二、职业技能鉴定命题技术与方法

职业技能鉴定的命题在内容上以国家颁布的职业标准为基础，保证了职业技能鉴定的基本质量水平。所有的试题均按鉴定要素细目表进行编制，使试题与鉴定要素细目表中所列鉴定要素直接关联，做到有据可查。

(一)职业技能鉴定的理论知识考试命题技术与方法

1. 理论知识鉴定要素细目表

层级结构是理论知识鉴定要素细目表的主要内容，对应国家职业标准中的"基本要求、职业功能、工作内容、技能要求和相关知识"，将鉴定要素逐级细分，直至分解出最小的、可以测量的鉴定点。

2. 理论知识试卷的构成(表1)

快递业务员(高级)理论知识试卷的构成　　表1

题　型	试题的题量	配　分
单项选择题	40题	40分(1题1分)
多项选择题	20题	40分(1题2分)
判断题	20题	20分(1题1分)
总分	100分(80题)	

(二)操作技能考试命题技术与方法

其基本内容由职业活动结构化、要求内容定量化和考核内容具体化组成，由考核内容结构表、鉴定点库和考核试题库组成操作技能考核命题体系。

快递业务员操作技能考核试题根据国家职业技能标准并结合实际，确定考核形式、时间以及分值。

三、职业技能鉴定国家题库

国家题库是由人力资源和社会保障部职业技能鉴定中心组织各方面专家，依据职业技能鉴定命题理论和题库建设技术开发的用于全国职业技能鉴定的统一题库。职业技能鉴定国家题库邮政行业分库是经人力资源和社会保障部同意设立的行业分库。快递业务员职业技能鉴定考试所有试题必须从邮政行业分库中抽取。

第二章　快递业务员(高级)职业技能鉴定概述

第一节　快递业务员职业技能鉴定概况

一、快递业务员(高级)国家职业技能标准

(一)职业简介

1. 职业名称

快递业务员。

2. 职业定义

使用快递专用工具、设备和应用软件系统,按照快递属性要求,从事快件收寄、分拣、封发、派送等工作的人员。

(二)鉴定要求

1. 适用对象

从事或者准备从事本职业的人员。快递业务员(高级)的考试分为"快件收派"与"快件处理"两个模块,考生可根据所从事的工作进行申报,参加其中一个模块的考试。

2. 申报条件

具备以下条件之一者,可申报"快递业务员(高级)"的考试:

(1)取得本职业中级快递业务员职业资格证书后,连续从事本职业工作 4 年以上,经本职业高级快递业务员正规培训达规定标准学时数,并取得结业证书。

(2)取得本职业中级快递业务员职业资格证书后,连续从事本职业工作 6 年以上。

(3)取得高级技工学校或经人力资源和社会保障行政部门审核认定的、以高级技能为培养目标的高等职业学校本职业(专业)毕业证书。

(4)取得本职业中级快递业务员职业资格证书的大专以上本专业或相关专业毕业生,连续从事本职业工作 2 年以上。

(三)鉴定方式

分为理论知识考试和技能操作考核。理论知识考试采用闭卷笔试方式或计算机系统考试方式。技能操作考核根据实际情况,采用模拟实际操作、笔试等方式。理论知识考试和技能操作考

试均实行百分制,成绩皆达60分及以上者为合格。

(四)鉴定时间

理论知识考试时间90分钟,技能操作考核时间60分钟。

二、快递业务员职业技能鉴定办法

第一条　为开展快递业务员的职业技能鉴定工作,提升快递业务员的服务能力和技能水平,根据《中华人民共和国劳动法》、《中华人民共和国邮政法》、《职业技能鉴定规定》、《快递业务经营许可管理办法》等有关法律、规章,制定本办法。

第二条　快递业务员是指从事快件收寄、分拣、封发、投递(派送)等工作的人员。

第三条　对快递业务员进行职业技能培训、考核鉴定适用本办法。

第四条　快递业务员国家职业资格分为初级快递业务员、中级快递业务员、高级快递业务员、快递业务师、高级快递业务师五个等级。

……

第七条　快递业务员的考核分为"快件收派"与"快件处理"两个模块,考生可根据所从事的工作进行申报,参加其中一个模块的考核。

第八条　具备以下条件之一者,可向本省(自治区、直辖市)职业技能鉴定机构申请参加快递业务员(高级)鉴定考试:

(1)取得本职业中级快递业务员职业资格证书后,连续从事本职业工作4年以上,经本职业高级快递业务员正规培训达规定标准学时数,并取得结业证书。

(2)取得本职业中级快递业务员职业资格证书后,连续从事本职业工作6年以上。

(3)取得高级技工学校或经人力资源和社会保障行政部门审核认定的、以高级技能为培养目标的高等职业学校本职业(专业)毕业证书。

(4)取得本职业中级快递业务员职业资格证书的大专以上本专业或相关专业毕业生,连续从事本职业工作2年以上。

……

第十三条　快递业务员职业技能鉴定实行考试制度。

快递业务员国家职业资格等级考试科目分为理论知识考试与技能操作考核。

快递业务员国家职业资格等级考试以统一标准、统一教材、统一命题、统一考试、统一核发证书为原则,根据实际鉴定需要组织实施。

第十四条　快递业务员职业技能鉴定实行公开考试。每次考试前由省(自治区、直辖市)职业技能鉴定机构提前公布报名条件、报考办法、考试时间、考试科目以及收费标准等。本省(自治区、直辖市)没有设立职业技能鉴定机构的,申请参加快递业务员职业技能鉴定考试人员可就近参加其他省(自治区、直辖市)组织的考试,也可由国家邮政局职业技能鉴定指导中心统一安排,以送鉴定上门等方式组织实施。

第十五条　申请快递业务员国家职业资格考试的人员应当按照要求向本省(自治区、直辖市)职业技能鉴定机构提交职业技能鉴定申报表,提供本人基本情况、学历、职业工作年限等基本信息。

第十六条　省(自治区、直辖市)职业技能鉴定机构对提交申报表的申请人情况进行审查,并核发准考证。考生凭借准考证在指定的考点参加考试。

第十七条　考生通过考试后(理论、实操成绩分别达到60分及以上),由人力资源和社会保障部与国家邮政局共同颁发快递业务员国家职业资格证书。

第十八条　取得国家职业资格证书的快递业务员,可登录国家邮政局网站,查询证书编号。

第十九条　快递业务员国家职业资格证书在全国快递服务企业范围内有效。任何个人不得涂改、转让、出租和出借快递业务员国家职业资格证书。

第二十条　快递业务员国家职业资格等级证书遗失或损坏的,取得快递业务员职业资格的人员可持有效证件,向省(自治区、直辖市)职业技能鉴定机构提出补发申请。经审查通过后,报原发证机关补发。

……

第二节　快递业务员(高级)快件收派职业技能鉴定要素细目表

本节内容适用于报考快件收派模块的考生学习,报考处理模块的考生可直接阅读第三节的内容。

鉴定要素细目表包含了所有快件收派的鉴定点。鉴定点重要程度是每个鉴定点在整个鉴定点集合中的相对重要性水平,一般用"X、Y、Z"表示,X表示重要程度高的核心要素,Y表示重要程度一般的要素,Z表示重要程度偏低的辅助要素。鉴定比重是指每一个鉴定要素层次在整个鉴定要素细目表中所占的分数比例。

一、理论知识鉴定要素细目表

理论知识鉴定要素细目表见表2。

理论知识鉴定要素细目表　　表2

<table>
<tr><th colspan="8">鉴定范围</th><th colspan="3">鉴定点</th></tr>
<tr><th colspan="2">一级</th><th colspan="2">二级</th><th colspan="2">三级</th><th colspan="2">四级</th><th rowspan="2">代码</th><th rowspan="2">名称</th><th rowspan="2">重要程度</th></tr>
<tr><th>名称代码重要程度比例</th><th>鉴定比重(%)</th><th>名称代码重要程度比例</th><th>鉴定比重(%)</th><th>名称代码重要程度比例</th><th>鉴定比重(%)</th><th>名称代码重要程度比例</th><th>鉴定比重(%)</th></tr>
<tr><td rowspan="10">基本要求 A</td><td rowspan="10">27</td><td rowspan="10">职业道德 A</td><td rowspan="10">5</td><td rowspan="4">职业道德基本知识 A</td><td rowspan="4">2</td><td rowspan="4">职业道德基本知识 A</td><td rowspan="4">2</td><td>001</td><td>职业道德的概念</td><td>X</td></tr>
<tr><td>002</td><td>职业道德的主要内容</td><td>X</td></tr>
<tr><td>003</td><td>职业道德的特点</td><td>X</td></tr>
<tr><td>004</td><td>职业道德的重要作用</td><td>X</td></tr>
<tr><td rowspan="6">快递业务员职业守则 B</td><td rowspan="6">3</td><td rowspan="6">快递业务员职业守则 A</td><td rowspan="6">3</td><td>001</td><td>快递业务员职业守则的内容</td><td>X</td></tr>
<tr><td>002</td><td>"遵纪守法、诚实守信"的具体要求</td><td>X</td></tr>
<tr><td>003</td><td>"团结协作、准确快速"的具体要求</td><td>X</td></tr>
<tr><td>004</td><td>"保守秘密、确保安全"的具体要求</td><td>X</td></tr>
<tr><td>005</td><td>"衣着整洁、文明礼貌"的具体要求</td><td>X</td></tr>
<tr><td>006</td><td>快递业务员职业守则的特点</td><td>X</td></tr>
</table>

续上表

鉴定范围								鉴定点		
一级		二级		三级		四级		代码	名称	重要程度
名称代码重要程度比例	鉴定比重(%)	名称代码重要程度比例	鉴定比重(%)	名称代码重要程度比例	鉴定比重(%)	名称代码重要程度比例	鉴定比重(%)			
基本要求A	27	基础知识B	22	快递服务概述A	4	快递服务特点、分类和发展A	2	001	快递服务的定义	X
								002	快递服务的特点	X
								003	快递服务的分类	X
								004	快递服务的发展历程	Y
						快递流程B	1	001	快递流程的概念	X
								002	快递流程基本要求	X
						快递网络C	1	001	快递网络的构成	X
								002	快件传递网络的概念	X
								003	大区或省际网的概念	X
								004	区域或省内网的概念	X
								005	同城或市内网的概念	X
								006	快递信息网络的概念	X
								007	快递实物传递网的组成要素	X
								008	快递信息网的作用	X
				快递业务基础知识B	2	国内、国际快递业务知识A	2	001	快件的定义	X
								002	快件内件分类	X
								003	快件时限分类	X
								004	快件的赔偿责任分类	X
								005	快件的业务方式分类	X
								006	全程时限的定义	X
								007	快递企业报关义务	Y
								008	快递服务环节	X
				快递服务标准和服务礼仪C	1	快递服务标准和服务礼仪A	1	001	快递企业市场准入要求	X
								002	员工资质要求	X
								003	快递运单保存期限	X
								004	服务礼仪的基本要求	X
								005	快递人员的着装和配饰	X

续上表

鉴定范围								鉴定点		
一级		二级		三级		四级				
名称代码重要程度比例	鉴定比重(%)	名称代码重要程度比例	鉴定比重(%)	名称代码重要程度比例	鉴定比重(%)	名称代码重要程度比例	鉴定比重(%)	代码	名称	重要程度
基本要求A	27	基础知识B	22	安全知识D	4	国家安全和信息安全A	1	001	快递企业及从业人员维护国家安全的义务	X
								002	快件信息安全基本要求	X
						职业安全B	1	001	工伤事故预防措施	X
								002	工伤保险的基本内容	X
								003	常见劳动防护用品	X
								004	职业病的预防措施	X
						快件安全C	1	001	非机动车收派保障快件安全应注意事项	X
								002	机动车收派保障快件安全应注意事项	X
						交通安全与消防安全D	1	001	自行车驮载快件要求	X
								002	自行车行车安全	X
								003	摩托车行车安全	Y
								004	快件处理场地消防注意事项	X
								005	常见灭火器种类与性能	X
								006	灭火基本方法	X
				地理知识E	2	中国地理知识A	1	001	中国的地理概貌	X
								002	中国现行的行政区域划分	X
								003	中国东北、华北地区难认地名	X
								004	中国华东、华中、华南地区难认地名	X
								005	中国西南、西北地区难认地名	X
								006	公路交通概况	X
								007	铁路交通概况	X
								008	航空公司名称及代码	X
						世界地理知识B	1	001	世界地理概貌	X
								002	主要国家所属大洲	X

续上表

鉴定范围								鉴定点		
一级		二级		三级		四级		代码	名称	重要程度
名称代码重要程度比例	鉴定比重(%)	名称代码重要程度比例	鉴定比重(%)	名称代码重要程度比例	鉴定比重(%)	名称代码重要程度比例	鉴定比重(%)			
基本要求A	27	基础知识B	22	计算机知识F	2	计算机基础知识A	1	001	计算机硬件构成和软件分类	X
								002	计算机病毒的特点	Y
						计算机网络基础和日常操作知识B	1	001	计算机网络的概念	X
								002	计算机的日常维护	X
				其他相关知识G	2	百家姓A	1	001	百家姓单姓的读音	X
								002	百家姓复姓的读音	X
						条码知识B	1	001	条形码技术的特点	X
								002	快递行业普遍使用的条形码类别	X
				相关法律、法规知识H	5	《中华人民共和国邮政法》、《快递市场管理办法》A	1	001	快递市场管理办法的规定	X
						《中华人民共和国民法通则》B	1	001	民事权利的分类	X
								002	民事责任的规定	X
						《中华人民共和国合同法》及《中华人民共和国消费者权益保护法》C	1	001	合同订立的一般规定	X
								002	违约责任的形式	X
								003	消费者的权利	X
								004	争议解决的途径	X
						《中华人民共和国道路交通安全法》、《中华人民共和国国家安全法》以及《万国邮政联盟公约》D	1	001	道路交通事故处理要点	X
								002	危害国家安全的法律责任	X
								003	《万国邮政联盟公约》对快递函件的规定	X
						《快递服务》国家标准、《快递业务经营许可管理办法》E	1	001	快递服务系列国家标准的规定	X
								002	快递经营许可条件的规定	X

续上表

鉴定范围								鉴定点		
一级		二级		三级		四级		代码	名称	重要程度
名称代码重要程度比例	鉴定比重(%)	名称代码重要程度比例	鉴定比重(%)	名称代码重要程度比例	鉴定比重(%)	名称代码重要程度比例	鉴定比重(%)			
相关知识B	73	快件收寄A	33	收寄指导A	17	快递产品分类A	1	001	快递产品的分类	X
								002	保险快件与保价快件	X
						快件的保险B	1	001	保费制定的原则	X
								002	快件保险与快件保价的区别	X
						收寄路线设计C	1	001	设计收寄路线的基本要求	X
								002	设计收寄路线的基本方法	X
						客户特殊需求及处理D	3	001	委托件的概念及操作流程	X
								002	拒付到付件的处理方法	X
								003	短信通知业务的处理方法	X
								004	代包装服务的处理方法	X
								005	定时服务及注意事项	X
								006	定时服务免责条款	X
						业务英语E	4	001	服务礼貌用语	X
								002	业务问询用语	X
								003	业务办理用语	X
								004	业务营销用语	X
								005	数量词汇一	X
								006	数量词汇二	X
								007	业务常用词汇一	X
								008	业务常用词汇二	X
						电子商务快件F	2	001	电子商务运行模式	X
								002	C2C电子商务快件的处理方法	X
								003	B2C电子商务快件的处理方法	X
								004	电子商务增值快件的处理方法	X

续上表

鉴定范围								鉴定点		
一级		二级		三级		四级		代码	名称	重要程度
名称代码重要程度比例	鉴定比重(%)	名称代码重要程度比例	鉴定比重(%)	名称代码重要程度比例	鉴定比重(%)	名称代码重要程度比例	鉴定比重(%)			
相关知识B	73	快件收寄A	33	收寄指导A	17	快递信息使用及管理G	5	001	快递信息的概念	X
								002	快递信息的分类	X
								003	快递信息的特点和作用	X
								004	快递信息技术	X
								005	条形码技术	X
								006	射频识别技术	X
								007	EDI的概念	X
								008	EDI的构成	X
								009	全球定位系统	X
								010	地理信息系统	X
				国际及港、澳、台快件收寄B	4	国际快件分类A	1	001	国际快件的分类	X
								002	国际快件的收费组成	X
						形式发票与商业发票相关知识B	2	001	形式发票的制作	X
								002	商业发票的概念	X
								003	商业发票的内容	X
								004	填写商业发票注意事项	X
						汇率相关知识C	1	001	汇率的概念	X
								002	汇率的种类	X
				海关清关C	12	关务知识A	4	001	海关基本知识	X
								002	海关监管基本要求	X
								003	常见关务名词	X
								004	进出境快件分类方式	X
								005	进出境快件申报方式	X
								006	进出境快件申报要求	X
								007	海关扣件的原因	X
								008	海关扣件的分析	X

续上表

鉴定范围								鉴定点		
一级		二级		三级		四级		代码	名称	重要程度
名称代码重要程度比例	鉴定比重(%)	名称代码重要程度比例	鉴定比重(%)	名称代码重要程度比例	鉴定比重(%)	名称代码重要程度比例	鉴定比重(%)			
相关知识B	73	快件收寄A	33	海关清关C	12	国际快件相关单据B	3	001	装箱单	X
								002	进出口货物报关单	X
								003	代理委托报关书	X
								004	出口收汇核销单	X
								005	出境货物通关单	X
								006	出口货物许可证	X
						代理报关与报检C	1	001	代理报关	X
								002	代理报检	X
						常见国家(地区)禁寄规定及海关清关注意事项D	4	001	美国海关禁寄规定	X
								002	美国海关清关注意事项	X
								003	日本海关禁寄规定	X
								004	日本海关清关注意事项	X
								005	德国海关禁寄规定	X
								006	德国海关清关注意事项	X
								007	中国台湾海关禁寄规定	X
								008	中国台湾海关清关注意事项	X
		快件派送B	30	派送工作组织A	7	派送模式的选择A	1	001	集中派送的优缺点	X
								002	分散派送的优缺点	X
						派送网点的设置B	1	001	派送网点的设置原则与选址标准	Y
								002	派送网点的基本配置	Y
						派送作业现场管理C	1	001	作业现场管理的基本原则与要求	Y
								002	作业现场管理的方法	Y
						派送段的设计D	1	001	派送段设计考虑的因素及基本要求	X
								002	派送段设计的注意事项	X
						派送调度E	3	001	调度的职责	X
								002	人员的调度要求	X

续上表

鉴定范围								鉴定点		
一级		二级		三级		四级		代码	名称	重要程度
名称代码重要程度比例	鉴定比重(%)	名称代码重要程度比例	鉴定比重(%)	名称代码重要程度比例	鉴定比重(%)	名称代码重要程度比例	鉴定比重(%)			
相关知识B	73	快件派送B	30	派送工作组织A	7	派送调度E	3	003	车辆调度的作用及内容	X
								004	车辆调度的特点	X
								005	车辆调度的基本原则	X
								006	车辆调度的方法	X
				国内快件的派送B	12	派送流程A	1	001	按址派送快件的服务流程	X
								002	网点自取快件的派送流程	X
						派送交接B	1	001	交接检查	X
								002	交接的原则	X
						派送路单的制作C	1	001	派送路单的制作方法	X
								002	派送路单的制作要求	X
						快件排序D	2	001	派送路线设计的原则	X
								002	派送路线设计的方法	X
								003	快件分堆与细排	X
								004	快件排序复核	X
						派送快件的装运E	1	001	影响快件装运的因素	X
								002	快件装运的原则	X
						派送服务及增值快件的派送F	3	001	派送服务的基本原则	X
								002	派送服务的注意事项	X
								003	安全派送快件	X
								004	签单返还快件的派送	X
								005	保价快件的派送	X
								006	限时快件的派送	X
						问题件的派送G	2	001	名址不详快件的派送	X
								002	延误快件的派送	X
								003	外包装破损快件的派送	X
								004	错发快件的派送	X
						特殊件的派送H	1	001	改寄件的派送	X
								002	撤回快件的派送	X

续上表

鉴定范围								鉴定点		
一级		二级		三级		四级				
名称代码重要程度比例	鉴定比重(%)	名称代码重要程度比例	鉴定比重(%)	名称代码重要程度比例	鉴定比重(%)	名称代码重要程度比例	鉴定比重(%)	代码	名称	重要程度
相关知识B	73	快件派送B	30	电子商务快件的派送C	1	电子商务快件的派送A	1	001	电子商务快件派送的特点	X
								002	电子商务快件的派送与派送信息复核	X
				国际及港、澳、台快件的派送D	4	派送流程A	2	001	收款信息、发票、设备准备	X
								002	审核运单,核对批译内容	X
								003	客户确认、验收快件并收取应收款	X
								004	上传签收信息	X
						派送异常情况处理B	2	001	快件无人签收的处理	X
								002	一票多件快件派送	X
								003	代缴关税快件的派送	X
								004	到付快件的派送	X
				后续处理E	6	快件派送后续处理A	6	001	运单处理	X
								002	派送信息复核	X
								003	派送信息录入	X
								004	无法派送快件产生的原因	X
								005	无法派送快件的处理	Y
								006	无法派送快件的批注方法	X
								007	无法派送快件的批注要求	Y
								008	无法派送快件的移交与保管	X
								009	无着快件的概念与处理方式	X
								010	无着快件的处理期限	X
								011	无着快件的处置	X
								012	款项交接	X

续上表

<table>
<tr><th colspan="8">鉴 定 范 围</th><th colspan="3">鉴 定 点</th></tr>
<tr><th colspan="2">一级</th><th colspan="2">二级</th><th colspan="2">三级</th><th colspan="2">四级</th><th rowspan="2">代码</th><th rowspan="2">名　称</th><th rowspan="2">重要程度</th></tr>
<tr><th>名称代码重要程度比例</th><th>鉴定比重(%)</th><th>名称代码重要程度比例</th><th>鉴定比重(%)</th><th>名称代码重要程度比例</th><th>鉴定比重(%)</th><th>名称代码重要程度比例</th><th>鉴定比重(%)</th></tr>
<tr><td rowspan="22">相关知识B</td><td rowspan="22">73</td><td rowspan="22">客户服务C</td><td rowspan="22">10</td><td rowspan="2">客户服务概述A</td><td rowspan="2">1</td><td rowspan="2">客户服务知识A</td><td rowspan="2">1</td><td>001</td><td>快递客户服务的理念</td><td>Y</td></tr>
<tr><td>002</td><td>快递客户服务的基本要求</td><td>X</td></tr>
<tr><td rowspan="8">客户开发B</td><td rowspan="8">4</td><td rowspan="4">客户市场调查A</td><td rowspan="4">2</td><td>001</td><td>快递市场发展的趋势</td><td>X</td></tr>
<tr><td>002</td><td>客户调查与分析的目的和步骤</td><td>X</td></tr>
<tr><td>003</td><td>客户需求调查的方式</td><td>X</td></tr>
<tr><td>004</td><td>客户的消费心理与需求的特点</td><td>X</td></tr>
<tr><td rowspan="4">客户开发计划B</td><td rowspan="4">2</td><td>001</td><td>快递客户开发计划的内容</td><td>X</td></tr>
<tr><td>002</td><td>客户开发计划制定的原则</td><td>X</td></tr>
<tr><td>003</td><td>制定客户开发计划应注意的事项</td><td>X</td></tr>
<tr><td>004</td><td>客户开发的方式</td><td>X</td></tr>
<tr><td rowspan="10">客户维护C</td><td rowspan="10">5</td><td rowspan="2">客户关系管理A</td><td rowspan="2">1</td><td>001</td><td>客户关系管理的目的和意义</td><td>X</td></tr>
<tr><td>002</td><td>客户关系管理的内容</td><td>X</td></tr>
<tr><td rowspan="4">客户满意度调查方法B</td><td rowspan="4">2</td><td>001</td><td>客户满意度调查的方法</td><td>X</td></tr>
<tr><td>002</td><td>客户满意度调查的内容</td><td>X</td></tr>
<tr><td>003</td><td>客户满意度调查的环节</td><td>X</td></tr>
<tr><td>004</td><td>提高客户满意度的方法</td><td>X</td></tr>
<tr><td rowspan="4">客户投诉处理方法C</td><td rowspan="4">2</td><td>001</td><td>客户投诉处理流程</td><td>X</td></tr>
<tr><td>002</td><td>客户投诉的原因</td><td>X</td></tr>
<tr><td>003</td><td>索赔的程序及处理的原则</td><td>X</td></tr>
<tr><td>004</td><td>处理客户投诉的沟通技巧</td><td>X</td></tr>
</table>

二、操作技能鉴定要素细目表

操作技能鉴定要素细目表见表3。

快件收派(高级)技能操作鉴定要素细目表　　表3

鉴定范围一级			鉴定点			
代码重要程度比例	名称	鉴定比重	代码	名称	重要程度	试题量
A	快件收寄	45%	001	国际快件的报关	X	4
			002	形式发票制作	X	4
			003	识别禁寄物品	X	4
			004	计算国际快件资费	X	4
B	快件派送	40%	001	快件排序及制作派送路单	X	4
			002	设计派送路线	X	4
			003	批译英文名址	X	4
C	客户服务	15%	001	客户开发与维护	X	4

第三节　快递业务员(高级)快件处理职业技能鉴定要素细目表

本节内容适用于报考快件处理模块的考生学习。

鉴定要素细目表包含了所有快件收派的鉴定点。鉴定点重要程度是每个鉴定点在整个鉴定点集合中的相对重要性水平,一般用“X、Y、Z”表示,X表示重要程度高的核心要素,Y表示重要程度一般的要素,Z表示重要程度偏低的辅助要素。鉴定比重是指每一个鉴定要素层次在整个鉴定要素细目表中所占的分数比例。

一、理论知识鉴定要素细目表

理论知识鉴定要素细目表见表4。

理论知识鉴定要素细目表　　表 4

鉴定范围								鉴定点		
一级		二级		三级		四级		代码	名称	重要程度
名称代码重要程度比例	鉴定比重(%)	名称代码重要程度比例	鉴定比重(%)	名称代码重要程度比例	鉴定比重(%)	名称代码重要程度比例	鉴定比重(%)			
基本要求 A	27	职业道德 A	5	职业道德基本知识 A	2	职业道德基本知识 A	2	001	职业道德的概念	X
								002	职业道德的主要内容	X
								003	职业道德的特点	X
								004	职业道德的重要作用	X
				快递业务员职业守则 B	3	快递业务员职业守则 A	3	001	快递业务员职业守则的内容	X
								002	“遵纪守法、诚实守信”的具体要求	X
								003	“团结协作、准确快速”的具体要求	X
								004	“保守秘密、确保安全”的具体要求	X
								005	“衣着整洁、文明礼貌”的具体要求	X
								006	快递业务员职业守则的特点	X
		基础知识 B	22	快递服务概述 A	4	快递服务特点、分类和发展 A	2	001	快递服务的定义	X
								002	快递服务的特点	X
								003	快递服务的分类	X
								004	快递服务的发展历程	Y
						快递流程 B	1	001	快递流程的概念	X
								002	快递流程基本要求	X
						快递网络 C	1	001	快递网络的构成	X
								002	快件传递网络的概念	X
								003	大区或省际网的概念	X
								004	区域或省内网的概念	X
								005	同城或市内网的概念	X
								006	快递信息网络的概念	X
								007	快递实物传递网的组成要素	X
								008	快递信息网的作用	X

续上表

鉴定范围								鉴定点		
一级		二级		三级		四级		代码	名称	重要程度
名称代码重要程度比例	鉴定比重(%)	名称代码重要程度比例	鉴定比重(%)	名称代码重要程度比例	鉴定比重(%)	名称代码重要程度比例	鉴定比重(%)			
基本要求A	27	基础知识B	22	快递业务基础知识B	2	国内、国际快递业务知识A	2	001	快件的定义	X
								002	快件内件分类	X
								003	快件时限分类	X
								004	快件的赔偿责任分类	X
								005	快件的业务方式分类	X
								006	全程时限的定义	X
								007	快递企业报关义务	Y
								008	快递服务环节	X
				快递服务标准和服务礼仪C	1	快递服务标准和礼仪A	1	001	快递企业市场准入要求	X
								002	员工资质要求	X
								003	快递运单保存期限	X
								004	服务礼仪的基本要求	X
								005	快递人员的着装和配饰	X
				安全知识D	4	国家安全和信息安全A	1	001	快递企业及从业人员维护国家安全的义务	X
								002	快件信息安全基本要求	X
						职业安全B	1	001	工伤事故预防措施	X
								002	工伤保险的基本内容	X
								003	常见劳动防护用品	X
								004	职业病的预防措施	X
						快件安全C	1	001	非机动车收派保障快件安全应注意事项	X
								002	机动车收派保障快件安全应注意事项	X

续上表

鉴定范围								鉴定点		
一级		二级		三级		四级		代码	名称	重要程度
名称代码重要程度比例	鉴定比重(%)	名称代码重要程度比例	鉴定比重(%)	名称代码重要程度比例	鉴定比重(%)	名称代码重要程度比例	鉴定比重(%)			
基本要求A	27	基础知识B	22	安全知识D	4	交通安全与消防安全D	1	001	自行车驮载快件要求	X
								002	自行车行车安全	X
								003	摩托车行车安全	Y
								004	快件处理场地消防注意事项	X
								005	常见灭火器种类与性能	X
								006	灭火基本方法	X
				地理知识E	2	中国地理知识A	1	001	中国的地理概貌	X
								002	中国现行的行政区域划分	X
								003	中国东北、华北地区难认地名	X
								004	中国华东、华中、华南地区难认地名	X
								005	中国西南、西北地区难认地名	X
								006	公路交通概况	X
								007	铁路交通概况	X
								008	航空公司名称及代码	X
						世界地理知识B	1	001	世界地理概貌	X
								002	主要国家所属大洲	X
				计算机知识F	2	计算机基础知识A	1	001	计算机硬件构成和软件分类	X
								002	计算机病毒的特点	Y
						计算机网络基础和日常操作知识B	1	001	计算机网络的概念	X
								002	计算机的日常维护	X

续上表

鉴定范围								鉴定点		
一级		二级		三级		四级				
名称代码重要程度比例	鉴定比重(%)	名称代码重要程度比例	鉴定比重(%)	名称代码重要程度比例	鉴定比重(%)	名称代码重要程度比例	鉴定比重(%)	代码	名称	重要程度
基本要求A	27	基础知识B	22	其他相关知识G	2	百家姓A	1	001	百家姓单姓的读音	X
								002	百家姓复姓的读音	X
						条码知识B	1	001	条形码技术的特点	X
								002	快递行业普遍使用的条形码类别	X
				相关法律、法规知识H	5	《中华人民共和国邮政法》、《快递市场管理办法》A	1	001	快递市场管理办法的规定	X
						《中华人民共和国民法通则》B	1	001	民事权利的分类	X
								002	民事责任的规定	X
						《中华人民共和国合同法》及《中华人民共和国消费者权益保护法》C	1	001	合同订立的一般规定	X
								002	违约责任的形式	X
								003	消费者的权利	X
								004	争议解决的途径	X
						《中华人民共和国道路交通安全法》、《中华人民共和国国家安全法》以及《万国邮政联盟公约》D	1	001	道路交通事故处理要点	X
								002	危害国家安全的法律责任	X
								003	《万国邮政联盟公约》对快递函件的规定	X
						《快递服务》国家标准、《快递业务经营许可管理办法》E	1	001	快递服务系列国家标准的规定	X
								002	快递经营许可条件的规定	X

续上表

鉴定范围								鉴定点		
一级		二级		三级		四级		代码	名称	重要程度
名称代码重要程度比例	鉴定比重(%)	名称代码重要程度比例	鉴定比重(%)	名称代码重要程度比例	鉴定比重(%)	名称代码重要程度比例	鉴定比重(%)			
相关知识B	73	快件接收A	15	处理中心作业管理A	6	处理中心作用功能A	1	001	处理中心作用功能	X
								002	处理中心主要作业区域	X
						处理中心现场管理B	1	001	整理整顿清扫	X
								002	清洁素养安全	X
						处理中心各类设备的安全使用C	3	001	手动液压搬运车的安全使用	X
								002	手动液压装卸车的安全使用	X
								003	叉车的安全使用	X
								004	托盘和笼车的安全使用	X
								005	航空集装器的安全使用	X
								006	交叉带式分拣机的安全使用	X
						监控技术应用与物料管理D	1	001	监控技术应用	X
								002	营运物料管理	Y
				国内总包接收与拆解B	6	总包接收A	1	001	总包接收验视及信息比对	X
								002	总包与信息不符及处理	X
						总包卸载B	1	001	装卸搬运合理化原则	X
								002	搬运方法	X
						总包接收异常情况的处理C	1	001	取包少件及取包多件	X
								002	取包破损	X
								003	有件无提单及有提单无件	X
						总包拆解异常的处理D	1	001	多件破损	X
								002	内件混杂	X

续上表

<table>
<tr><th colspan="8">鉴定范围</th><th colspan="3">鉴定点</th></tr>
<tr><th colspan="2">一级</th><th colspan="2">二级</th><th colspan="2">三级</th><th colspan="2">四级</th><th rowspan="2">代码</th><th rowspan="2">名称</th><th rowspan="2">重要程度</th></tr>
<tr><th>名称代码重要程度比例</th><th>鉴定比重(%)</th><th>名称代码重要程度比例</th><th>鉴定比重(%)</th><th>名称代码重要程度比例</th><th>鉴定比重(%)</th><th>名称代码重要程度比例</th><th>鉴定比重(%)</th></tr>
<tr><td rowspan="18">相关知识B</td><td rowspan="18">73</td><td rowspan="11">快件接收A</td><td rowspan="11">15</td><td rowspan="5">国内总包接收与拆解B</td><td rowspan="5">6</td><td rowspan="5">特殊快件处理方法E</td><td rowspan="5">2</td><td>001</td><td>优先快件处理方法</td><td>X</td></tr>
<tr><td>002</td><td>保价快件处理方法</td><td>X</td></tr>
<tr><td>003</td><td>自取快件处理方法</td><td>X</td></tr>
<tr><td>004</td><td>更址快件处理方法</td><td>X</td></tr>
<tr><td>005</td><td>撤回快件处理方法</td><td>X</td></tr>
<tr><td rowspan="6">国际总包接收与拆解C</td><td rowspan="6">3</td><td rowspan="2">国际快件处理流程及总包接收A</td><td rowspan="2">1</td><td>001</td><td>国际快件处理流程</td><td>X</td></tr>
<tr><td>002</td><td>国际快件总包接收</td><td>X</td></tr>
<tr><td rowspan="2">进口国际总包拆解B</td><td rowspan="2">1</td><td>001</td><td>进口国际总包的拆解</td><td>X</td></tr>
<tr><td>002</td><td>国际快件体积重量的计算</td><td>X</td></tr>
<tr><td rowspan="2">国际快件资费计算C</td><td rowspan="2">1</td><td>001</td><td>国际快件计费重量的计算</td><td>X</td></tr>
<tr><td>002</td><td>国际快件运费计算</td><td>X</td></tr>
<tr><td rowspan="5">快件分拣B</td><td rowspan="5">50</td><td rowspan="5">国内快件的分拣A</td><td rowspan="5">22</td><td rowspan="2">我国行政区划A</td><td rowspan="2">1</td><td>001</td><td>我国的行政区划</td><td>Y</td></tr>
<tr><td>002</td><td>浙江省、江苏省和山东省的行政区划</td><td>X</td></tr>
<tr><td rowspan="3">国内邮政编码B</td><td rowspan="3">10</td><td>001</td><td>北京市、天津市、河北省主要城市邮政编码</td><td>X</td></tr>
<tr><td>002</td><td>山西省、内蒙古自治区主要城市邮政编码</td><td>X</td></tr>
<tr><td>003</td><td>辽宁省主要城市邮政编码</td><td>X</td></tr>
</table>

续上表

鉴定范围								鉴定点		
一级		二级		三级		四级		代码	名称	重要程度
名称代码重要程度比例	鉴定比重(%)	名称代码重要程度比例	鉴定比重(%)	名称代码重要程度比例	鉴定比重(%)	名称代码重要程度比例	鉴定比重(%)			
相关知识B	73	快件分拣B	50	国内快件的分拣A	22	国内邮政编码B	10	004	吉林省主要城市邮政编码	X
								005	黑龙江省主要城市邮政编码	X
								006	上海市、江苏省 主要城市邮政编码	X
								007	浙江省主要城市邮政编码	X
								008	安徽省主要城市邮政编码	X
								009	福建省主要城市邮政编码	X
								010	江西省主要城市邮政编码	X
								011	山东省主要城市邮政编码	X
								012	河南省主要城市邮政编码	X
								013	湖北省主要城市邮政编码	X
								014	湖南省主要城市邮政编码	X
								015	广东省主要城市邮政编码	X
								016	广西壮族自治区、海南省主要城市邮政编码	X
								017	重庆市、四川省 主要城市邮政编码	X
								018	贵州省、云南省、西藏自治区主要城市邮政编码	Y
								019	陕西省、甘肃省 主要城市邮政编码	X
								020	青海省、宁夏回族自治区、新疆维吾尔自治区主要城市邮政编码	Y
						国内电话区号C	9	001	北京市、天津市、河北省主要城市电话区号	X
								002	山西省、内蒙古自治区 主要城市电话区号	X
								003	辽宁省主要城市电话区号	X

续上表

鉴定范围								鉴定点		
一级		二级		三级		四级		代码	名称	重要程度
名称代码重要程度比例	鉴定比重(%)	名称代码重要程度比例	鉴定比重(%)	名称代码重要程度比例	鉴定比重(%)	名称代码重要程度比例	鉴定比重(%)			
相关知识B	73	快件分拣B	50	国内快件的分拣A	22	国内电话区号C	9	004	吉林省、黑龙江省 主要城市电话区号	X
								005	上海市、江苏省 主要城市电话区号	X
								006	浙江省主要城市电话区号	X
								007	安徽省主要城市电话区号	X
								008	福建省主要城市电话区号	X
								009	江西省主要城市电话区号	X
								010	山东省主要城市电话区号	X
								011	河南省主要城市电话区号	X
								012	湖北省、湖南省 主要城市电话区号	X
								013	广东省主要城市电话区号	X
								014	广西壮族自治区、海南省主要城市电话区号	X
								015	重庆市、四川省 主要城市电话区号	X
								016	贵州省、云南省、西藏自治区主要城市电话区号	Y
								017	陕西省、甘肃省 主要城市电话区号	X
								018	青海省、宁夏回族自治区、新疆维吾尔自治区主要城市电话区号	Y
						国内城市机场及航空代码D	1	001	国内城市机场	X
								002	机场航空代码	X

续上表

鉴定范围								鉴定点		
一级		二级		三级		四级		代码	名称	重要程度
名称代码重要程度比例	鉴定比重(%)	名称代码重要程度比例	鉴定比重(%)	名称代码重要程度比例	鉴定比重(%)	名称代码重要程度比例	鉴定比重(%)			
相关知识B	73	快件分拣B	50	国内快件的分拣A	22	国内快件的复核E	1	001	快件复核的方法	X
								002	国内快件复核的内容	X
				国际快件的分拣B	19	国际快递服务A	5	001	我国的国际航线	X
								002	主要国际机场	X
								003	国际快件清关步骤	X
								004	代理报关	X
								005	代理报检	X
								006	清关中的异常情况及处理	X
								007	欧盟海关清关须知	X
								008	美国海关清关须知	X
								009	日本海关清关须知	X
								010	俄罗斯海关清关须知	X
						国际出口快件的分拣B	11	001	常见国家英文名称缩写	X
								002	常见国家的首都	X
								003	日本主要城市的英文名称、邮政编码和航空代码	X
								004	韩国主要城市的英文名称、邮政编码和航空代码	X
								005	印度主要城市的英文名称、邮政编码和航空代码	X
								006	阿拉伯联合酋长国主要城市的英文名称、邮政编码和航空代码	X
								007	德国主要城市的英文名称、邮政编码和航空代码	X
								008	法国主要城市的英文名称、邮政编码和航空代码	X

续上表

鉴定范围								鉴定点		
一级		二级		三级		四级		代码	名称	重要程度
名称代码重要程度比例	鉴定比重(%)	名称代码重要程度比例	鉴定比重(%)	名称代码重要程度比例	鉴定比重(%)	名称代码重要程度比例	鉴定比重(%)			
相关知识B	73	快件分拣B	50	国际快件的分拣B	19	国际出口快件的分拣B	11	009	英国主要城市的英文名称、邮政编码和航空代码	X
								010	俄罗斯主要城市的英文名称、邮政编码和航空代码	X
								011	意大利主要城市的英文名称、邮政编码和航空代码	X
								012	荷兰主要城市的英文名称、邮政编码和航空代码	X
								013	瑞士主要城市的英文名称、邮政编码和航空代码	X
								014	美国主要城市的英文名称、邮政编码和航空代码	X
								015	加拿大主要城市的英文名称、邮政编码和航空代码	X
								016	巴西主要城市的英文名称、邮政编码和航空代码	X
								017	阿根廷主要城市的英文名称、邮政编码和航空代码	X
								018	埃及主要城市的英文名称、邮政编码和航空代码	X
								019	南非主要城市的英文名称、邮政编码和航空代码	X
								020	澳大利亚主要城市的英文名称、邮政编码和航空代码	X
								021	新西兰主要城市的英文名称、邮政编码和航空代码	X
								022	国际出口快件的复核	X
						国际进口快件的分拣C	3	001	英文名址的批译规则	X
								002	行政级别的批译	X
								003	大专院校的批译	Y
								004	常见地址的批译	X
								005	公司(企业)各部门的批译	X
								006	英文名址批译的审核	X

续上表

鉴定范围								鉴定点		
一级		二级		三级		四级		代码	名称	重要程度
名称代码重要程度比例	鉴定比重(%)	名称代码重要程度比例	鉴定比重(%)	名称代码重要程度比例	鉴定比重(%)	名称代码重要程度比例	鉴定比重(%)			
相关知识B	73	快件分拣B	50	问题件处理C	4	航空违禁品快件的处理A	1	001	航空违禁品	X
								002	航空违禁品的处理	X
								003	X射线安全检查设备的使用	X
						部分国家(地区)海关禁寄规定及清关注意事项B	2	001	美国海关禁寄规定及清关注意事项	X
								002	日本海关禁寄规定及清关注意事项	X
								003	俄罗斯海关禁寄规定及清关注意事项	X
								004	澳大利亚海关禁寄规定及清关注意事项	X
								005	中国台湾海关禁寄规定及清关注意事项	X
						化工产品泄露的应急处理和滞留快件的处理C	1	001	化工产品泄漏应急处理方法	X
								002	处理中心滞留快件的处理	X
				快件差异报告D	5	快件差异报告及回复A	1	001	缮发快件差异报告	X
								002	快件差异报告的回复	X
						快递信息使用及管理B	4	001	快递信息的特点和作用	X
								002	快递信息的分类	X
								003	快递信息技术	X
								004	条形码技术	X
								005	射频识别技术	Y
								006	电子数据交换技术	X
								007	全球定位系统	X
								008	地理信息系统	Y

续上表

鉴定范围								鉴定点		
一级		二级		三级		四级		代码	名称	重要程度
名称代码重要程度比例	鉴定比重(%)	名称代码重要程度比例	鉴定比重(%)	名称代码重要程度比例	鉴定比重(%)	名称代码重要程度比例	鉴定比重(%)			
相关知识B	73	快件封发C	8	国内快件总包封发A	4	快件封发的原则和注意事项A	1	001	快件封发的原则	X
								002	快件封发注意事项	X
						快件总包堆码B	3	001	库房的堆码	X
								002	拖车堆码	X
								003	堆码注意事项	X
								004	北京起点班车路由规划	X
								005	上海至沈阳东莞武汉班车路由规划	X
								006	上海至成都西安深圳班车路由规划	X
				出口国际快件信息汇总比对B	1	总包接收A	1	001	快件信息汇总比对的概念和作用	X
								002	出口国际快件信息汇总比对操作程序	X
				业务单据和业务档案管理C	3	业务单据处理A	2	001	快递业务主要单据	X
								002	业务单据送缴时限	X
								003	业务单据整理装订	X
								004	业务单据接收检查	X
						业务档案的保管B	1	001	业务档案管理规定	X
								002	业务档案查阅调阅规定	X

二、操作技能鉴定要素细目表

操作技能鉴定要素细目表见表5。

快件处理(高级)操作技能鉴定要素细目表

表5

鉴定范围一级			鉴定点			
代码重要程度比例	名称	鉴定比重	代码	名称	重要程度	试题量
A	快件接收	20%	001	航空快件总包接收异常处理	X	4
			002	总包拆解异常情况及处理	X	4
B	快件分拣	60%	001	国内快件分拣	X	4
			002	国际出口快件分拣	X	4
			003	问题件处理	X	4
			004	差异报告缮写及回复	X	4
C	快件封发	20%	001	总包发运路由	X	4
			002	总包路单制作	X	4

第三章 快递业务员(高级)职业技能鉴定考试解析

第一节 快递业务员职业技能鉴定考试介绍

一、快递业务员(高级)命题原则与依据

严格以《快递业务员国家职业技能标准》为内容依据,按照标准,参照考试命题规则,按鉴定要素细目表进行编制,试题与鉴定要素细目表中所列鉴定点直接关联。

考生需要注意的是,在细目表里重要程度为X的鉴定点,都是考试里必考的知识点。

二、快递业务员(高级)考试题型与答题要求

根据《快递业务员国家职业技能标准》,快递业务员(高级)的考核分为“快件收派”与“快件处理”两个模块。每一个模块均为理论知识考试和技能操作考核。

(一)理论知识考试

快递业务员(高级)理论知识考试时间为90分钟,采用闭卷笔试。考试主要题型为单项选择题、多项选择题和判断题三种,其中单项选择题40道,每题1分;多项选择题20道,每题2分;判断题20道,每题1分;理论考试总分为100分。考核知识点全部来自于鉴定细目表里的鉴定点。其配分要求如表6所示。

快递业务员(高级)理论知识考试配分要求 表6

鉴定模块	规定范围	分值(分)	鉴定内容	分值(分)	合计(分)
快件收派	基本要求	27	职业道德	5	100
			基础知识	22	
	相关知识	73	快件收寄	33	
			快件派送	30	
			客户服务	10	
快件处理	基本要求	27	职业道德	5	100
			基础知识	22	
	相关知识	73	快件接收	15	
			快件分拣	50	
			快件封发	8	

(二)技能操作考核

技能操作考核时间为60分钟,可采用笔试、模拟实际操作等形式。考试知识点全部来自于鉴定细目表里的鉴定点。其配分要求如表7和表8所示。

快件收派(高级)操作技能考核内容结构表 表7

考核内容		快件收寄				快件派送			客户服务	合计(8项)
		国际快件的报关	制作形式发票	识别禁寄物品	计算国际快件资费	快件排序及制作派送路单	设计派送路线	批译英文名址	客户开发与维护	
高级	选考方式	必考	必考	必考	必考	必考	必考	必考	必考	
	鉴定比重(%)	10	15	10	10	20	10	10	15	100
	考试时间(分钟)	6	10	5	6	10	7	8	8	60
	考核形式	笔试	实操	实操	笔试	实操	笔试	笔试	笔试	

快件处理(高级)操作技能考核内容结构表 表8

考核内容		快件接收		快件分拣				快件封发		合计(8项)
		航空快件总包接收异常处理	总包拆解异常情况及处理	国内快件分拣	国际出口快件分拣	问题件处理	快件差异报告的缮写及回复	总包发运路由	总包路单制作	
高级	选考方式	必考	必考	必考	必考	必考	必考	必考	必考	
	鉴定比重(%)	10	10	20	20	8	12	15	5	100
	考试时间(分钟)	8	10	8	7	7	8	5	7	60
	考核形式	笔试	实操	实操	实操	笔试	笔试	笔试	笔试	

第二节 快递业务员(高级)快件收派考试知识要点

本《手册》所列考试知识点是根据国家邮政局职业技能鉴定指导中心组织编写的国家职业技能鉴定培训教程《快递业务员(高级)快件收派》对应的章节进行归纳整理的。

一、基础理论知识考试要点

第一章 职业道德

第一节 职业道德基本知识

(一)职业道德的概念

职业道德是从业人员在职业活动中应遵循的行为准则。涵盖了从业人员与服务对象、职工与职工、职业与职业之间的关系。

(二)职业道德的基本范畴和主要内容

职业道德的基本范畴包括:职业态度、职业技能、职业纪律、职业良心、职业荣誉、职业作风等。

职业道德的主要内容包括爱岗敬业、诚实守信、办事公道、服务群众以及奉献社会等。

(三)职业道德的特点

职业道德的特点:特殊性、强制性、多样性、稳定性。

(四)职业道德的重要作用

(1)职业道德有助于促进社会生产力的发展,提高劳动生产率;

(2)职业道德是社会主义精神文明的重要组成部分,有利于社会稳定;

(3)职业道德有助于调节人们在职业活动中的各种关系;

(4)职业道德有助于提高个人道德修养。

第二节 快递业务员职业道德要求

(一)快递业务员职业守则内容

- 遵纪守法,诚实守信;
- 爱岗敬业,勤奋务实;
- 团结协作,准备快速;
- 保守秘密,确保安全;
- 衣着整洁,文明礼貌;
- 热情服务,奉献社会。

(二)快递业务员职业守则的具体要求

(1)遵纪守法,诚实守信。就是要求快递业务员严格遵守国家的各项法律法规和企业内部的规章制度。

(2)爱岗敬业,勤奋务实。就是要求快递业务员热爱快递事业,树立责任心和事业心,踏踏实实地勤奋工作。

(3)团结协作,准备快速。“团结协作”,是由快递业务工作的特性决定的。快递业务有一整套的业务流程,由各环节甚至不同地区的员工分工合作完成。“准备快速”,是因为快递服务最根本的制胜点就反映在一个“快”字上。快递业务员在工作过程中对时限的承诺,一定要树立高度的责任意识,承诺客户什么时候送达,就要保证按时送达。同时,各个快递环节都应保证准确、无误。

(4)保守秘密,确保安全。“保守秘密”,是由快递服务的特殊属性决定的。快递业务员所负责寄递的快件,很有可能会涉及客户的个人隐私、商业秘密或国家机密,这就要求快递业务员不论是对客户所寄递快件的相关信息还是对客户的个人信息,都要保守秘密,绝对不准对外界透露,否则,将侵害客户的权益,严重的还会受到法律的制裁。“确保安全”,要求快递业务员在工作过程中,必须保证快件的安全,将快件完好无损地送到客户手中。另外,也要注意保护好生产工具,如运送快件的车辆的安全,还要保护好自身的人身安全。

(5)衣着整洁,文明礼貌。这是对服务行业从业者的基本要求。作为快递业务员,尤其是需要直接面对客户的收寄和派送的外勤人员,其外表和精神面貌直接代表了企业的形象和素质。

(6)热情服务,奉献社会。这是职业道德的最高要求。为客户提供优质高效的服务,是每一位快递业务员的神圣职责。

(三)职业守则的特点

(1)体现了职业道德的普遍性;

(2)体现了快递服务职业道德的特殊性。

第二章　快递服务概述

第一节　快递服务的起源与发展

(一)快递服务的发展历程

中国快递服务的发展,大致经历了以下三个发展阶段。

1. 20 世纪 70 年代末至 90 年代初:起步阶段

2. 20 世纪 90 年代初至 21 世纪初:成长阶段

3. 21 世纪初至今:快速发展阶段

(二)中国快递服务的发展现状

1. 业务量主要集中在东部经济发达地区

2. 中小型企业占绝大多数

3. 三大业务均快速发展,不同企业各有优势

(三)中国快递服务的发展趋势

1. 机遇挑战并存

2. 需求持续增长

3. 支撑作用突出

4. 产业集中度提升

5. 网络日益健全

6. 服务能力增强

第二节　快递服务的特点与分类

(一)快递服务定义

根据《快递服务》国家标准的规定,快递服务是指在承诺的时限内快速完成的寄递服务。

(二)快递服务的特点

根据快递服务的定义,快递服务具有以下特点:

(1)快递服务的本质反映在一个“快”字上,“快速”是快递服务的灵魂。

(2)快递服务是“门到门”、“桌到桌”的便捷服务。

(3)快递服务需要具有完善、高效的服务网络和合理的覆盖网点。

(4)快递服务能够提供业务全程监控和实时查询。

(5)快递服务要求快件须单独封装,具有名址、重量和尺寸限制,并实行差别定价和付费结算方式。

(三)快递服务的作用

1. 经济作用

2. 社会作用

(四)快递服务的分类

快递服务按寄达范围划分,可分为国内快递、国际快递、港澳台快递三大业务种类;按照所有制形式划分,可分为国有、民营、外资三大主体;按照运输方式划分,可分为航空、公路、铁路三大方式。

1. 国内快递、国际快递、港澳台快递三大业务种类

(1)国内快递

国内快递是指从收寄到投递的全过程均发生在中华人民共和国境内的快递业务。国内快递又分为同城快递、省内异地快递、省际快递三类,其中省内异地快递和省际快递可统称为国内异地快递。

(2)国际快递

国际快递是指寄件地和收件地分别在中华人民共和国境内和其他国家或地区(香港、澳门、台湾地区除外)的快递服务,以及其他国家或地区(香港、澳门、台湾地区除外)间用户相互寄递但通过中国境内经转的快递服务。

(3)港澳台快递

港澳台快递是指寄件地和收件地分别在中华人民共和国境内和中国香港特别行政区、中国澳门特别行政区、中国台湾地区的快递业务。一般将港澳台市场和国际快递市场合并统计。

2. 国有、民营、外资三大主体

按照所有制形式划分,在我国快递市场提供服务的快递企业分为三大市场主体,即国有、民营和外资快递企业,这些企业规模不等,数量众多。

(1)国有快递企业

国有快递企业主要是指邮政、民航等部门的国有和国有控股企业,以中国邮政速递物流股份有限公司、民航快递等为代表。

(2)民营快递企业

民营快递企业以顺丰、申通、圆通、韵达、中通、宅急送等企业为代表。

(3)外资快递企业

外资快递企业以德国敦豪国际航空快件有限公司(DHL)、美国联邦快递公司(FedEx)、美国联合包裹服务有限公司(UPS)三大国际快递企业为代表。

3.航空、公路、铁路三大运输方式

按照快递运输方式划分,可分为航空快递、公路快递、铁路快递三种运输方式。

第三节　快递业务网络

(一)快递业务网络的定义

快递业务网络是指实现快件收寄、分拣、封发、运输、投递等所依托的实体网路和信息网络的总称。

(二)快递业务网络分类

快递服务是通过网络实现的,其中快件是通过实体网络传递的,快件信息是通过网络传输的。因此,快递业务员网络可分为快件传递网络和信息传输网络。

(三)快件传递网络的构成

快件传递网络是由快递呼叫中心、收派处理点或营业网点、处理中心和运输线路,按照一定的原则和方式组织起来并在调度运营中心的指挥下,按照一定的运行规则传递快件的网络系统。

(1)呼叫中心,亦称"客户服务中心",是快递企业普遍使用的、旨在提高工作效率的应用系统。

(2)收派处理点或营业网点,是快递企业收寄和派送快件的基层站点,其功能是集散某个城市某一地区的快件,然后再按派送段进行分拣和派送。

(3)快件处理中心,是快件传递网络的节点,主要负责快件的分拣、封发和中转任务。

(4)运输线路,是指快递运输工具在快件收派处理点、处理中心间以及所在地区车站、机场、码头之间,按固定班次及规定路线运输快件的行驶路线。

(5)调度运营中心,是控制并保证快递网络按照业务流程设计要求有序运行的指挥中心。

(四)快件传递网络的层次划分

全国性的企业的网络可分为三个层次,即:

(1)大区或省际网,主要承担省际间的快件传递任务。它连接各大区或省际处理中心(包括国际快件处理中心),通过陆路和航空运输组成一个复合型的高效快递运输干线网络。

(2)区域或省内网,是大区或省际网的延伸,与同城或市内网联系密切,在快件传递网络中起着承上启下的作用。

(3)同城或市内网,是由同城或市内处理中心与若干个收派处理组组成的,除负责快件的收取和派送外,还负责快件的分拣、封发等工作。

(五)信息传输网络的概念和作用

1.信息传输网络的概念

在快件传递的过程中,始终伴随着快递相关信息的传输,这些信息包括单个快件运单的信息、快件总包的信息、总包路由的信息,以及快件传递过程中每个节点产生的信息等。传输这些信息的网络就叫做信息传输网络。

2.信息传输网络的作用

(1)实现了对快件、总包的信息等的实时传递;

(2)实现了企业快递信息资源最大限度地综合利用与共享;

(3)便于企业运营管理,提高工作效率,规范操作程序,减少人为差错;

(4)便于企业为客户提供更优质的服务,包括为客户提供快件查询;

(5)有利于增强企业竞争能力,促进企业可持续发展。

第四节　快递服务环节与要求

(一)快递服务的环节

快递服务是在承诺的时限内快速完成的寄递服务,其具有范围广泛、服务内容复杂、服务要求严格的特点。

快递服务总体上要遵循"系统优化、质控严格、信息完备与协调、作业安全"的原则,为客户提供迅速、准确、安全、方便的快递服务。

快递服务主要包括快件收寄、快件处理、快件运输和快件派送四大环节。

1. 快件收寄

快件收寄是快递流程的首要环节,是指快递企业在获得订单后由快递业务员上门服务,完成从客户处收取快件和收寄信息的过程。

2. 快件处理

快件处理,包括快件分拣、封发两个主要环节,是快件流程中贯通上下环节的枢纽,在整个快件传递过程中发挥着十分重要作用。

3. 快件运输

快件运输,是指在统一组织、调度和指挥下,按照运输计划,综合利用各种运输工具,将快件迅速、有效地运达目的地的过程。

4. 快件派送

快件派送,是指业务员按运单信息上门将快件递交收件人并获得签收信息的过程。

(二)快递服务的基本要求

为了保证快件以最快的速度、安全准确、优质的传递质量,以尽可能少的成本和尽可能便捷的方式从快件寄件人送达收件人,快递服务整个流程必须遵循以下基本要求:

1. 有序流畅

2. 优质高效

3. 成本节约

4. 安全便捷

第三章　快递业务基础知识

第一节　快件的定义和分类

(一)快件的定义

快件是指快递服务组织依法递送的信件、包裹、印刷品等的统称。

(二)快件的分类

按内件性质划分:信件类快件和包裹类快件;

按寄达范围划分:国内快件、国际快件、港澳台快件;

按服务时限划分:标准快件服务、承诺服务时限快件;

按赔偿责任划分:保价快件、保险快件和普通快件;

按付费方式划分:寄件人付费快件、收件人付费快件和第三方付费快件;

按结算方式划分:现结快件和记账快件。

第二节　快递业务知识

(一)国内快递服务的主要服务环节

国内快递服务是指从收寄到投递的全过程均发生在在中华人民共和国境内的快递服务。国内快递服务的主要服务环节为:收寄、分拣、封发、运输、投递,以及查询、投诉和申诉、赔偿等。

(二)国际快递服务的主要服务环节

国际及港澳台快递业务流程与国内快递业务一样,都要经过收寄、分拣、封发、运输和派送四大环节。其主要区别在于:国际快件在入境和出境过程中,需接受我国和有关国家海关的进出境检查,必须办理通关手续。

(三)我国海关对快递物品的规定

(四)快件通关相关知识和要求

(五)快递企业应承担的报关义务

(1)及时向海关呈交快件通关所需的单证、资料,并如实申报所承运的快件。

(2)通知收、发件人交纳或代理收、发件人交纳快件的进出口税款,并按规定对进出境快件交纳税费、监管手续费等。

(3)除非海关准许,快递企业应当将监管时限内的快件存放于专门设立的海关监管仓库内,并妥善保管。

(4)海关查验快件前,快递企业有关业务人员应对快件进行分类。

(5)发现快件中含有禁止出境的物品,不得擅自处理,应当立即通知海关并协助其进行处理。

(六)禁限寄规定

第四章　快递服务礼仪

第一节　快递服务礼仪

(一)服务礼仪的内涵

(二)服务礼仪的基本要求

1. 语言修养

“言为心声”,有声语言是人们在交往过程中表达情意的工具。语言修养主要有以下几点:

从语言规范方面来说,在服务工作中应要求服务人员讲普通话。

从语言表达方面来说,要求服务人员在掌握好本岗位专业知识之外,还应具备较强的语言表达能力及高水平的沟通技巧。

从语言礼貌方面来看,应当将敬语“您好”、“请”、“对不起”、“不客气”、“谢谢”等常挂在嘴边。

在语句选择上,服务人员在对客户的服务过程中,一般应多用陈述语句和一般疑问句,少用或不用祈使句和反问句;多用委婉征询语气;少用或不用命令式语气,责己不责人,尽量把责任推给自己。

2.非语言修养

(1)衣着要得体;

(2)仪表要大方;

(3)举止要文明;

(4)心境要良好。

(三)快递服务人员的一般礼仪

(四)快递形象礼仪

(五)快递服饰礼仪

着装:快递服务人员应着公司统一工装。

配饰:若有需要,工牌应时刻佩戴于胸前;不得佩戴装饰性很强的装饰物、标记和吉祥物。

(六)快递行为礼仪

(七)快递服务用语礼仪

第二节　快递业务员服务规范

(一)快件收派人员服务规范

(二)窗口收寄人员服务规范

第五章　安全知识

第一节　国家安全知识

(一)国家安全的概念和重要性

(二)快递企业及其从业人员维护国家安全的权利和义务

快递企业作为一个社会组织、快递业务员作为一个公民,同样承担着维护国家安全的义务。

《中华人民共和国国家安全法》对公民和组织维护国家安全所必须承担的义务作了如下七条规定:

(1)教育和防范、制止的义务;

(2)提供便利条件和协助的义务;

(3)及时报告的义务;

(4)如实提供情况和协助的义务;

(5)保守秘密的义务;

(6)不得非法持有属于国家秘密的文件、资料和其他物品的义务;

(7)不得非法持有、使用窃听、窃照等专用间谍器材的义务。

第二节　信息安全知识

(一)信息安全的重要性

(二)保障快件信息安全的基本要求

(1)快件在处理过程中,除指定的有关工作人员外,不准任何人翻阅信息;

(2)快递从业人员不得私自抄录或向他人泄露收、寄件人名址、电话等快件信息;

(3)处理快件的工作场所,除有关工作人员外,其他人员不得擅自进入;

(4)严禁将快件私自带回与工作无关的任何场所;

(5)严禁隐匿、毁弃或非法开拆快件,发现此类现象时应立即制止,并及时向主管部门报告;

(6)申请改寄、撤回或更改收件人地址、姓名,必须严格审阅有关证件,在未确认寄件人和办妥手续前,不得将快件交申请人阅看;

(7)发现包装破损并有可能暴露内件信息时,应立即报告主管人员。

第三节　职业安全知识

(一)职业病和工伤事故的预防

1.职业病的预防措施

(1)建立劳动卫生职业病防治网;

(2)建立空气中毒物浓度测定制度;

(3)建立工作前体检、定期体检制度;

(4)合理使用劳动防护用品,尽量减少快递企业常见的职业伤害;

(5)技术革新、工艺改造;

(6)增加通风排气设备,将有毒气体及时排出。

2.工伤事故的预防措施

(1)工程技术措施;

(2)教育措施;

(3)管理措施;

(4)经济措施。

(二)劳动防护用品

常见劳动防护用品有:护腰带或护腰背心、口罩、防护鞋、防护手套等。

(三)工伤保险的基本内容

工伤保险也称职业伤害保险,是指劳动者在生产劳动和其他工作过程中遭受意外伤害或因长期接触有毒因素引起职业病伤害后,由国家或社会为负伤、致残者和死亡者生前供养家属提供必要的物质保障制度。这种补偿既包括受到伤害的职工医疗、康复的费用,也包括生活保障所需的物质帮助。

第四节　快件安全知识

(一)快件安全的内容

防止损毁、防止被盗、防止泄密、防止丢失。

(二)保证收派快件安全的注意事项

1.利用非机动车收派保障快件安全应注意事项

2.利用机动车收派保障快件安全应注意事项

第五节　交通安全知识

(一)驾驶汽车的安全注意事项

(二)使用助力自行车的交通安全注意事项

自行车驮载快件,长宽高不准超过规定限度:高度自地面起不宜超过 1.5m,宽度左右不宜超出车把 0.15m,长度前端不宜超出车轮,后端不宜超出车身 0.3m。

(三)使用摩托车的交通安全注意事项

第六节　消防安全知识

(一)处理场地的消防安全注意事项

(二)常见的灭火器种类和性能

二氧化碳系列灭火器;泡沫灭火器;干粉灭火器。

(三)灭火和报警的基本方法

灭火的基本方法:冷却法、窒息法、隔离法和化学抑制法。

第六章　地理与百家姓知识

第一节　中国地理概况

(一)中国的地理概况

中国位于赤道以北,亚洲东部,太平洋西岸,它的版图被形象地比作一只头朝东尾朝西的金鸡。

中国陆地总面积约 960 万 km^2,在世界各国中,仅次于俄罗斯和加拿大,居第三位。

(二)中国现行的行政区域划分

目前中国有 34 个省级行政区,即 23 个省、4 个直辖市、5 个自治区和 2 个特别行政区。

(三)中国七大区划分

1. 华北地区(北京、天津、河北、山西、内蒙古)　　中心城市　北京
2. 华东地区(上海、江苏、浙江、安徽、福建、江西、山东)　　中心城市　上海
3. 华南地区(广东、广西、海南)　　中心城市　广州
4. 华中地区(河南、湖北、湖南)　　中心城市　武汉
5. 东北地区(黑龙江、吉林、辽宁)　　中心城市　沈阳
6. 西北地区(陕西、甘肃、宁夏、青海、新疆)　　中心城市　西安
7. 西南地区(重庆、四川、云南、贵州、西藏)　　中心城市　重庆

(四)主要经济发展区划分

长江三角洲(简称长三角)、珠江三角洲(简称珠三角)和环渤海地区是目前我国三大主要的经济发展区域。

(五)难认地名拼音注释

中国东北、华北地区难认地名

中国华东、华中、华南地区难认地名

中国西南、西北地区难认地名

第二节　中国的交通运输

(一)航空运输以及重要航空公司标志、代码和名称

(二)公路运输

1. 国家高速公路路线

(1)首都放射线

共7条,分别是:北京—哈尔滨、北京—上海、北京—台北、北京—港澳、北京—昆明、北京—拉萨、北京—乌鲁木齐。

(2)南北纵线

共9条,分别是:鹤岗—大连、沈阳—海口、长春—深圳、济南—广州、大庆—广州、二连浩特—广州、包头—茂名、兰州—海口、重庆—昆明。

(3)东西横线

共18条,分别是:绥芬河—满洲里、珲春—乌兰浩特、丹东—锡林浩特、荣成—乌海、青岛—银川、青岛—兰州、连云港—霍尔果斯、南京—洛阳、上海—西安、上海—成都、上海—重庆、杭州—瑞丽、上海—昆明、福州—银川、泉州—南宁、厦门—成都、汕头—昆明、广州—昆明。

此外,国家高速公路网还包括辽中环线、成渝环线、海南环线、珠三角环线、杭州湾环线共等5条地区环线,2段并行线和37段联络线。

2. 国道主干线——五纵七横

国家干线公路路线:1字头表示是以北京为起点的放射状干线公路,2字头是南北纵向干线公路,3字头是东西横向干线公路。

(三)铁路运输

目前我国铁路已基本形成以北京为中心,以四纵、三横、三网和关内外三线为骨架,可通达全国各省市区的铁路网。

(四)水路运输

第三节　世界地理概况

(一)地球概貌

地球表面总面积约5.1亿km^2,其中陆地面积约1.49亿km^2,占地表面积的29.2%,海洋面积约3.61亿km^2,占总面积的70.8%。

四大洋:太平洋、大西洋、印度洋、北冰洋。

七大洲:按面积大小依次为亚洲、非洲、北美洲、南美洲、南极洲、欧洲、大洋洲。

(二)世界区域划分

亚洲主要有:中国、日本、韩国、印度、柬埔寨、伊朗、哈萨克斯坦等国家和地区;

非洲主要有:埃及、肯尼亚、南非、尼日利亚等国家和地区;

北美洲主要有:加拿大、美国、墨西哥、巴拿马等国家和地区;

欧洲主要有:俄罗斯、英国、法国、荷兰、意大利、德国、芬兰、西班牙、瑞典等国家和地区;

南美洲主要有:巴西、阿根廷、智利乌拉圭等国家;

大洋洲主要有:新西兰、汤加、斐济等国家和地区。

(三)时区

(四)我国的国际运输

第四节　百家姓知识

(一)百家姓单姓的读音

(二)百家姓复姓的读音

第七章　计算机与条码知识

第一节　计算机知识

(一)计算机硬件系统

微处理器 CPU,存储器,输入设备,输出设备。

(二)计算机软件系统

计算机软件分为系统软件和应用软件。

系统软件是指管理、监控和维护计算机资源的软件,如操作系统、汇编和编译程序等语言处理程序、系统实用程序等。

应认识各类常见的系统软件。

应用软件是指为解决实际问题或达到一定的应用目的而编制的程序,如办公软件、杀毒软件、媒体播放软件、图片处理软件以及一些行业专业软件等。

应认识各类常见的应用软件。

(三)计算机病毒知识

(四)计算机网络基础

计算机网络,是把多个发布在不同地点、具有独立自主功能的计算机通过通信方式连接起来以便进行信息交换、资源共享或协同工作的系统。

互联网的主要技术和应用。

(五)计算机日常操作基础

1. 计算机的使用环境

2. 计算机正常操作顺序

3. 计算机的日常保养和维护

第二节　条形码技术知识

(一)条形码技术的概念

(二)条形码技术的特点

输入速度快、准确度高、可靠性强、灵活实用。

(三)条形码类别

一维条形码主要有 UPC 码、EAN 码、39 码、128 码、库德巴码等;二维条形码主要有 PDF417、MaxiCode、DataMatrix 等。

第八章　相关法律、法规和标准的规定

第一节　《中华人民共和国邮政法》的有关规定

(一)《中华人民共和国邮政法》的主要规定

(二)《中华人民共和国邮政法》中关于快递业务的规定

第二节　《快递市场管理办法》的有关规定

(一)快递服务的基本规范

(二)快递安全的基本规范

(三)快递市场管理的主要方式

1.要求企业实行备案制度

2.统计调查制度

3.服务质量公告制度

4.行业自律制度

5.信息报送制度

第三节　《快递业务经营许可管理办法》的有关规定

(一)申请经营快递业务应符合的条件

(1)申请经营快递业务的组织必须是企业法人。

(2)注册资本应符合的条件:

在省、自治区、直辖市范围内经营的,注册资本不低于人民币五十万元,跨省、自治区、直辖市经营的,注册资本不低于人民币一百万元,经营国际快递业务的,注册资本不低于人民币二百万元。

(3)具备与申请经营的地域范围相适应的服务能力。

(4)有严格的服务质量管理制度,包括服务承诺、服务项目、服务价格、服务地域、赔偿办法、投诉受理办法等,有完备的业务操作规范,包括收寄验视、分拣运输、派送投递、业务查询等制度。

(5)有健全的安全保障制度和措施,包括保障寄递安全、快递服务人员和用户人身安全、用户信息安全的制度;符合国家标准的各项安全措施;开办代收货款业务的,应当以自营方式提供代收货款服务,具备完善的风险控制措施和资金结算系统,并明确与委托方和收件人之间的权利、义务。

(6)法律、行政法规规定的其他条件。

(二)快递经营许可审批程序

(三)许可证管理

(四)对取得《快递业务经营许可证》的企业监督检查

第四节　《快递服务》国家标准的有关规定

(一)对服务资质的规定

《快递服务》国家标准对法人资质、人员资质、企业最低人数等方面作出了规定。比如,快

递服务组织应依法取得邮政管理部门颁发的快递业务经营许可证;快递服务组织应具有工商行政管理机关注册登记的企业法人资质;在省、自治区、直辖市范围内经营快递业务的服务组织,其总部及分支机构的人员总和应不低于15人;经营跨省快递业务的快递服务组织,其总部及分支机构的人员总和应不低于100人;经营中国香港、澳门、台湾地区快递业务或国际快递业务的组织,其总部及分支机构人员总和应不低于20人。

(二)对服务能力的规定

(三)对加盟企业管理与国际业务代理的规定

(四)对服务质量的规定

第五节 《中华人民共和国民法通则》的有关规定

(一)民事权利

民事权利是指民事主体实现自己某种利益的可能性。

民事权利包括:财产所有权、债权、知识产权和人身权。

(二)民事责任

《中华人民共和国民法通则》第一百零六条规定:“公民、法人违反合同或者不履行其他义务的,应当承担民事责任。”

承担民事责任的方式主要有:停止侵害、排除妨碍、消除危险、返还财产、恢复原状、修理、重作、更换、赔偿损失、支付违约金、消除影响、恢复名誉、赔礼道歉。

第六节 《中华人民共和国合同法》的有关规定

(一)合同概念和分类

(二)合同的一般规定

1. 合同内容

2. 合同形式

3. 要约

4. 承诺

5. 合同成立

6. 格式条款

(三)违约责任

违约责任的形式分为不履行合同义务和履行合同义务不符合约定两种。

第七节 《中华人民共和国消费者权益保护法》有关知识

(一)消费者的权利

消费者的权利有:保障安全权、知悉真情权、自主选择权、公平交易权、依法求偿权、维护尊严权、监督批评权等。

(二)争议解决的途径

争议解决的途径有:双方当事者自行协商;请求消费者协会调解;向有关行政部门提出申诉;提请仲裁机构进行仲裁;向人民法院提起诉讼。

第八节　《中华人民共和国道路交通安全法》相关知识

道路交通事故处理要点：

在道路上发生交通事故，车辆驾驶人应当立即停车，保护现场；造成人身伤亡的，车辆驾驶人应当立即抢救受伤人员，并迅速报告执勤的交通警察或者公安机关交通管理部门。因抢救受伤人员变动现场的，应当标明位置。乘车人、过往车辆驾驶人、过往行人应当予以协助。

第九节　《中华人民共和国国家安全法》相关知识

(一)危害国家安全行为的定义及表现

(二)危害国家安全的罪行及刑事责任

1.为境外窃取、刺探、收买、非法提供国家秘密、情报罪

2.故意泄露国家秘密罪

3.非法获取国家秘密罪

第十节　《万国邮政联盟公约》相关知识

《万国邮政联盟公约》第三十二条对快递函件的规定细则。

二、快件收派知识考试要点

第九章　快件收寄

第一节　收寄指导

(一)快递产品的分类

快递产品的划分主要有以下几个方面：

1.按传递时限划分

快递产品按快递时限分为即日件、次日件和隔日件。

2.按承担责任划分

快递产品按承担责任分为保价快件、保险快件。

3.按产品价格划分

快递产品按照收费的不同，可以分为经济型快件、标准快件和加急快件。

(二)快件保险常识

1.险基本知识

(1)保险的概念

保险是指投保人根据合同约定，向保险人支付保险费，保险人对于合同约定的可能发生的事故因其发生所造成的财产损失承担赔偿保险金责任，或者当被保险人死亡、伤残、疾病或者达到合同约定的年龄、期限时承担给付保险金责任的商业保险行为。

(2)保险的功能

①经济补偿功能

②资金融通的功能

③社会管理的功能

(3)保险的作用

①降低企业与客户的损失

②保证企业在出现索赔后正常运转

(4)财产保险的补偿

保险是指在特定灾害事故发生时,在保险有效期和保险合同约定的责任范围以及保险金额内,按其实际损失金额给予补偿。

2.快件保险

(1)快件保险的概念

快件保险是指针对快件在运输途中因外在因素导致的物理损失或丢失,由保险公司承担赔偿责任的保险。

(2)快件保险的费率

①保险费率的概念

保险费率是应缴纳保险费与保险金额的比率。

计算公式:费率=(保险费÷保险金额)×100%。

②保险费率确定的基本原则

保险费率的确定需要遵循以下原则:

充分性原则;

公平性原则;

合理性原则;

稳定灵活原则;

促进防损原则。

(3)保险费用的计算

计算公式:保险费用=保险金额×保险费率。

例如:某保险公司的快件保险费率为2%,有一客户为自己所寄的快件投保8万人民币,则此客户应缴纳的保险费用是多少?

解:此客户应缴纳的保险费用=80 000×0.02=1 600(元)。

(4)快件保价与快件保险的区别

①制度设计的目的不同;

②涉及当事人不同;

③风险范围不同;

④所保范围不同;

⑤费用性质不同;

⑥风险承担者不同;

⑦索赔程序不同;

⑧管控风险不同。

(三)收寄路线设计

收寄路线是指业务员在收取快件时所经过的地点和路段,按照先后顺序链接起来的路线。

1.收寄路线设计的意义

合理安排并设计收寄路线,不但可以有效地提高工作效率,而且还能提升客户满意度,降低运营成本,减少客户投诉;同时还可以减少空白里程、车辆损耗和降低快递业务员的劳动强度等。因此,在收寄快件前进行收寄路线的合理设计具有重要意义。

2.收寄路线设计的原则

收寄路线的设计一般应遵循以下几个原则:

(1)保证时限原则

(2)保证承诺原则

(3)先轻后重,先小后大的原则

(4)减少空白里程的原则

3.收寄路线设计的基本要求

设计收寄路线的基本要求包括以下几个方面:

(1)优先收取客户订单中备注紧急信息的快件

(2)合理避开上下班高峰时间,选择适当的行车路线

(3)保障快件的安全

4.收寄路线设计的基本方法

收寄路线设计的方法主要有以下几个方面:

(1)最快时效法

(2)最短路径法

(3)经验判断法

(4)详细分析法

(四)客户特殊需求及处理

快递企业目前提供的特殊服务类型主要包括以下几种。

1.委托件

(1)委托件的概念

委托件是指快递企业受第三方委托,前往寄件人处取件后送达收件人的快件。确切地说,就是客户A向快递企业提出申请,由快递业务员在客户B处收取快件,并依照客户A的意愿寄递到客户C处的一种特殊的收寄服务。

(2)委托收件的操作流程

①快递企业接受并处理订单;

②快递业务员接收订单;

③快件收取。

(3)委托收件收取注意事项

①一般情况下,快递企业只对记账客户提供“委托收件”服务;

②客服人员在收到委托收件表后,必须与寄件客户联系,确认后上门收件;

③快递业务员必须检查快件是否符合寄递要求,保证服务质量,维护客户利益;

④如委托方客户要求保密,快递业务员必须离开寄方客户处再进行填单操作处理,确保服务承诺、维护客户利益,防止客户信息泄漏。

2.拒收到付快件业务

(1)到付件的概念

到付件是由收件人支付快递费用的快件。

(2)拒收到付件的原因

①寄方客户在快件发出前未与收方客户达成一致;

②寄方客户与收方客户有经济纠纷或是在合作过程中存在矛盾,导致拒收;

③企业本身的制度原因导致。

(3)拒收到付件业务操作流程

①客户提出拒收到付件业务需求;

②快递企业予以审核;

③双方签订免责条款;

④快递企业发布此客户的相关要求信息,并将信息传递到网络内所有的快递业务员处;

⑤快递业务员根据要求进行操作,同时做好客户解释工作。

3.短信通知业务

短信通知业务又称签收证实服务,是指客户在寄递快件时,在快件运单上填写手机号码并勾选"短信通知"业务;快件成功签收后,"快件签收短信通知"便会主动将快件的派送签收信息发送到客户的手机上。

(1)短信通知业务操作流程

(2)短信通知业务注意事项

4.代包装业务

(1)代包装业务操作流程

①签订协议;

②业务操作。

(2)代包装业务注意事项

①在审核客户的申请时,务必考虑此业务是否具备可操作性;

②进行必要的岗前培训;

③快件在包装完毕后,由寄方人员对快件进行必要的抽查。

5.定时服务

(1)定时服务的概念

定时服务是指快递企业按照寄件人指定的时间(时间段、时间点)上门收寄快件的一种服务类型。

(2)定时服务的类型

①限定日期收寄;

②限定时间段收寄;

③限定时间点收寄。

(3)定时服务的操作流程

①首先告知客户快递企业目前开展此项业务，然后向客户详细介绍定时服务的效果及相应的资费；

②如客户选择此项服务，则应按照操作要求，在运单“定时服务”处打勾，并在定时服务一栏备注相应的定时服务类型。

(4)快递企业定时服务免责条款

以下情况致使定时服务未达成，则快递企业无需进行赔偿：

①快递企业按照客户要求收取，由于客户原因导致快件未收取成功，如客户不在、客户电话无人接听或无法接通，客户地址错误等；

②恶劣的天气情况，如特大暴雨或其他自然灾害导致道路封堵；

③遭遇交通管制；

④其他非快递企业主观错误导致的收取不成功。

(5)定时服务注意事项

①定时服务要求快递企业具有稳定、可靠的运输资源，以保证快件时效的稳定性；

②约定收取的定时服务时限一定是工作时间，对此快递业务员一定要仔细审核；

③为保证定时服务快件的准时率，快递企业应在快件包装上粘贴醒目的提示内容贴纸。

6.签单返还业务

(1)签单返还业务的概念

签单返还业务是指快递企业按照客户需求，在成功派送快件后，将发件人签收或盖章后的回单返回寄件人的业务。

(2)签单返还业务的注意事项

①在运单备注栏或明显位置标注客户要求，签字、摁手印或盖章；

②在快件边角处粘贴签回单贴纸，达到提示效果。

7.代付入仓费

在快递业务过程中，快件有时会因客户需要递送至港口、码头、仓库、物流中心、保税区、海关监管区等特殊性目的地，快件进出此类地址往往会被收取相应的费用，一般称之为“入仓费”。

第二节　电子商务快件收寄

(一)电子商务的运行模式

1.企业对企业的电子商务(B2B)

2.企业对消费者电子商务(B2C)

3.消费者对消费者的电子商务(C2C)

4.政府机构对企业的电子商务(G2B)

5.政府机构对公众的电子商务(G2C)

(二)电子商务快递服务

1.电子商务快递服务简介

电子商务快递服务是指快递企业受参与网上交易用户委托，寄递快件的服务。与普通快递涉及寄件人、快递企业、收件人三方关系相比，电子商务快递服务另外增加了电子商务网站以及第三方支付平台的关系。

2. 我国电子商务快递的现状

与传统购物方式相比,我国网购交易的增长正处于一个爆发式增长的阶段,未来的发展前景极其广阔。与电子商务蓬勃发展相对应的是,我国的电子商务快递业务同样呈现出超高速增长的态势。

(三)电子商务快件的收寄

1. 基于 C2C 的电子商务快递

C2C 指的是消费者对消费者的电子商务模式,C2C 电子商务平台就是通过为买卖双方提供一个在线交易平台,使卖方可以主动提供商品上网拍卖,而买方可以自行选择商品进行竞价。

(1)C2C 电子商务快递的特点

①时效性要求高;

②服务质量要求高;

③收件量不大但品种、批次多;

④强调个性化和定制化。

(2)C2C 电子商务快递的收寄

根据 C2C 电子商务的特点,可以看出 C2C 卖家分布广泛,所寄递的快件数量小、批次多。因此,对于这类快件的收寄一般都由快递业务员上门揽收,其揽收流程与普通国内件的流程大致相同。

2. 基于 B2C 的电子商务快递

B2C 指的是企业对个人的电子商务模式,主要是企业在互联网上开设产品专卖商店,利用电子商务向客户出售企业产品。在这种模式下,电子商务的网站建立起一个信息平台以便将产品生产厂商与消费者连接起来,电子商务网站从生产厂商进货后,通过快递企业最终送到消费者手中。

(1)B2C 电子商务快递的特点

①时效性要求高;

②服务质量要求高;

③收件量大且相对集中;

④强调个性化和定制化。

(2)B2C 电子商务快递的收寄流程

①接收订单:快递企业通过信息系统随时查看生成的订单。

②打印装箱单、运单:快递企业根据订单内容并打印装箱单和快递运单,并同时对仓库中的商品进行分拣筛选。

③包装:快递企业操作员根据装箱单对产品进行包装,暂不封口,待下一环节核查无误后进行封装。

④核查:包装完毕后,由另一操作员根据装箱单和快递运单对包装货物进行检查。

⑤封装、贴单:检查无误后,封装,贴单;检查存在问题,退回上一环节,重新核对数量。

⑥称重、计费:操作员对封装好的快件进行称重、计费。

⑦标注信息:按企业规定标注相应信息,如根据企业要求标注黑色记号或是目的地电话区号,航空代码等,以便于后续环节的操作。

⑧寄出:根据快递企业的相关要求进行装车或是装件入包操作。

3.电子商务增值快件

(1)保价电子商务快件的收寄

保价电子商务快件是指买家向快递企业申明所购物品的价值,双方协商约定由买家承担基础资费之外的保价费用的快件。保价电子商务快件在收寄时应注意以下几点:

①检查买卖双方是否有相关到付约定;

②与卖家签订协议,如果买家拒付资费,则应由卖家承担来回的费用;

③快件外包装上一定粘上"到付贴"。

(2)代收货款电子商务快件的收寄

代收货款电子商务快件快件是指快递企业接受卖家的委托,在派送快件的同时,向买家收取货款的快件。

代收货款电子商务快件在收寄时应注意以下几点:

①检查卖家是否与快递企业签订了代收货款协议;

②一定要勾选快件运单上的"代收货款"项;

③向卖家索要相应的发票及单据;

④将发票装入包装袋的醒目位置,以便派送人员使用。

(3)限时电子商务快件的收寄

限时电子商务快递是指快递企业在限定时间段内将快件送达用户的快递业务。要求限时快递的快件就是限时快件。在处理限时电子商务快递时,应注意以下几点:

①优先收寄;

②单独交接;

③登记备案。

第三节　国际及港、澳、台快件收寄

(一)常见国家到付资费的计算

1.国际快件分类

国际快件按照海关快件分类及国际惯例要求,一般分为文件、包裹两类。

(1)文件类快件:在进出境快件中是指法律、法规规定予以免税且无商业价值的文件、单证、票据及资料,品名申报为"DOC(文件)",价值申报为"0美元"。

(2)包裹类快件:指法律、法规允许进出境货样、广告品,需要按货物实际价值进行申报。包裹类快件需要客户提供形式发票或商业发票。包裹根据其申报价值的高低又分为低价值包裹和高价值包裹。

2.国际快件收费项目

国际快件因涉及清关、检疫检验等操作,所以向客户收取的国际快件费用包括以下两大类。

(1)快递企业应收取的费用

快递企业应收取的费用包括:快件资费、燃油附加费、包装费、偏远地区附加费、保价费等。

(2)快递企业代收的费用

快递企业在清关时替客户垫付的费用包括：垫付关税、商检费、贴签费、保险费等，为了保证清关的时效，这些费用一般快递企业替客户垫付然后再凭发票向客户收取。

3.国际快件资费计算方式

在国际快递业务中，一般采用首重加续重计算方法，资费计算公式为：

资费＝首重价格＋(计费重量－首重)×单价

国际快递资费的计算步骤如下：

(1)查找目的地国家所在区域；

(2)查看所寄递快件是文件类还是包裹类；

(3)根据快件的重量所在横行与该快件所在区域的竖列相交即为运费金额。

4.常见国家到付资费的计算

国际到付件一般分为临时到付、协议到付和第三方支付三种。快递业务员在收取国际到付件时，对于临时到付件一般事先向寄件方收取一定的押金，以避免收件方拒付运费给企业造成不必要的损失；协议到付是快递企业与长期合作客户签订协议，由客户提供协议账号支付快件运费，不需要业务员直接收取；对于第三方支付的一般也是与快递企业长期合作的客户，由该客户的协议账号支付运费，也不需要业务员直接收取。

(二)港、澳、台到付资费的计算

1.香港到付资费的计算

2.澳门到付资费的计算

3.台湾到付资费的计算

(三)国际及港、澳、台到付资费计算注意事项

(1)因涉及汇率问题，国家的汇率又是随时变动的，所以在计算到付件运费时，应根据实时的汇率或是快递企业本身制定的汇率进行换算；

(2)对于到付件，应按运单标识的币别和金额进行收取，不要再次进行汇率的换算而改变支付币种；

(3)在计算过程中，要注意燃油附加费等其他费用的添加，并留意燃油附加费是按快件为单位进行收取，还是按重量为单位进行收取；

(4)有些快递企业在对快件进行到付业务操作的过程中要另外收取费用；

(5)在确认费用由收方支付后，填写运费时，务必在相应数字前方添加目的地的货币符号。

(四)形式发票

1.形式发票的概念

形式发票也称预开发票、估价发票或试算发票，是指快递企业按照海关要求提供的，证明所寄物品的品名、数量、价值、海关税则编码等，以便海关进行监管的报关文件。

2.形式发票的作用

(1)是一份具有约束力的协议；

(2)一些国家作为进口许可程序的一部分；

(3)银行和金融机构使用形式发票来为进口商开立信用证；

(4)与商业发票相似，易于识别。

3.形式发票制作原则

形式发票的格式有多种,但都会包含几个基本要素,即:发件人名址、收件人名址、品名、成分、数量、申报金额等项内容。在制作形式发票的过程中,要遵循"从上到下,从左到右"的原则。所谓从上到下,即从一张发票最上面的项目开始,做完上一行的项目再做下一行的项目,遇到一行有多个纵向项目,则要遵循从左到右的原则。

4.形式发票制作要求

(1)准确;(2)完整;(3)简明;(4)整洁。

(五)商业发票

1.商业发票的概念

商业发票是指卖方交给买方全方位确认销售协议的最后文件。

2.商业发票的作用

(1)是卖方履约的证明;

(2)是出口商收取货款和进出口双方记账的凭证;

(3)是进出口双方办理报关纳税的重要依据;

(4)是出口商办理保险等出口手续时提供的单据之一。

3.商业发票的内容

商业发票主要分为首文部分、本文部分和结文部分。

4.填写商业发票应注意的事项

5.形式发票与商业发票的区别

(1)本质的不同;

(2)涵盖内容的不同;

(3)作用不同。

(六)国际常见货币汇率知识

1.货币汇率的概念

货币汇率是指一国货币兑换另一国货币的比率,是以一种货币表示另一种货币的价格。

2.汇率的标价方法

汇率的标价方法有直接标价法和间接标价法。

(1)直接标价法

直接标价法是指以一定单位的外国货币为基准,将其折合为一定数额的本国货币的标价方法,目前大多数国家采用这种标价法。

(2)间接标价法

间接标价法是指以一定单位的货币为基准,将其折合为一定数额的外国货币的标价方法。

3.汇率的种类

(1)按国际货币制度的演变划分:固定汇率、浮动汇率和货币汇率。

(2)按制订汇率的方法划分:基本汇率和套算汇率。

(3)按银行买卖外汇的角度划分:买入汇率、卖出汇率、中间汇率和现钞汇率。

(4)按银行外汇付汇方式划分:电汇汇率、信汇汇率和票汇汇率。

(5)按外汇交易交割期限划分:即期汇率和远期汇率。

(6)按对外汇管理的宽严划分:官方汇率和市场汇率。

(7)按银行营业时间划分:开盘汇率和收盘汇率。

4.各国货币汇率之间的兑换

在国际快递业务过程中,如果寄件人选择运费到付,则在计算运费的过程中,可能会遇到本国货币与外币之间的兑换问题,在兑换过程中则需要使用到汇率。

如果某快件的运费在A国为X,A国对B国的汇率为Y,则运费如果使用B国的货币支付,费用为X除以Y。

例如:一件运费为100元人民币的快件,如果人民币对美元的汇率为5,则这票快件如果选择使用美元支付,则需要支付20美元。

第四节 海关清关

(一)海关关务知识

通关过程中的查验、征税、放行等环节主要是由海关来进行操作,与快递企业有关联的主要是申报环节。快件在进出境过程中,快递企业需要对当批次的快件集中向海关申报,客户在寄递国际快件时,业务员应了解海关相关知识,可以指导客户提供海关要求的相关单据,告知客户何种物品可以寄递等。

1.海关监管的目的

海关监管的目的是防止利用非贸易性渠道从事非法贸易和其他违法活动。

2.海关监管的范围

海关将进出境快件分为文件类、个人物品类和货物类三类。

(1)文件类:法律、法规规定予以免税且无商业价值的文件、单证、票据及资料。

(2)个人物品类:海关法规规定自用、合理数量范围内的进出境的旅客分离运输行李物品、亲友间相互馈赠物品和其他个人物品。

(3)货物类:文件类及个人物品类以外的进出境快件。

(二)海关对进出境快件监管的基本要求

(1)进出境快件通关应当在经海关批准的专门监管场所内进行,如果因特殊情况需要在专门监管场所以外进行的,需事先征得所在地海关同意。

(2)快递企业或其代理人(海关称为运营人)应当在海关对进出境快件的专门监管场所内设有符合海关监管要求的专用场地、仓库和设备。

(3)进出境快件通关应当在海关正常办公时间内进行,如果需在海关正常办公时间以外进行的,需事先征得所在地海关同意。

(4)快递企业或其代理人应当按照海关的要求采用纸质文件方式或电子数据交换方式,到海关办理进出境快件的报关手续。

(5)进境快件自运输工具申报进境之日起14日内,出境快件在运输工具离境3小时之前,应当向海关申报。

(6)快递企业或其代理人应向海关传输或递交进出境快件舱单或清单,海关确认无误后接受申报;运营人需提前报关的,应当提前将进出境快件运输和抵达情况书面通知海关,并向海关传输或递交舱单或清单,海关确认无误后接受预申报。

(7)海关查验进出境快件时，运营人应派人员到场，并负责进出境快件的搬移、开拆和重封包装。

(8)海关对进出境快件中的个人物品实施开拆查验时，运营人应通知进境快件的收件人或出境快件的发件人到场，收件人或发件人不能到场的，运营人应向海关提交其委托书，代理收/发件人的义务并承担相应法律责任。

(9)海关认为必要时，可对进出境快件予以径行开验、复验或者提取货样。

(三)进出境快件的清关

清关是指海关对快递企业或其他代理报关人呈交的单证和快件依法进行审核、查验、征收税费、批准进口或出口的全部过程。另外，在快件进出境过程中，有时还需要办理“报检”手续。报检是指按照法律、法规、合同的规定，根据需要向检验检疫机构申请办理检验、检疫、鉴定工作的手续。一般而言，报检手续的办理先于报关手续。

1.进出境快件的申报方式及要求

在快件的申报过程中，不同类型的快件申报方式是不同的，按照快件类型，报关方式主要分为以下几种。

(1)文件类进出境快件报关时，快递企业或其代理人应当向海关提交中华人民共和国海关进出境快件 KJ1 报关单、总快件详情单(副本)和海关需要的其他单证。

(2)个人物品类进出境快件报关时，快递企业或其代理人应当向海关提交中华人民共和国海关进出境快件个人物品申报单、每一进出境快件的分快件详情单、进境快件收件人或出境快件发件人身份证件复印件和海关需要的其他单证。

(3)货物类进境快件报关时，快递企业或其代理人应当按下列情形分别向海关提交报关单证。

①对关税税额在《中华人民共和国进出口关税条例》规定的关税起征数额以下(人民币 50 元)的货物和海关规定准予免税的货样、广告品，应提交中华人民共和国海关进出境快件 KJ2 报关单，每一进境快件的分快件详情单、发票和海关需要的其他单证。

②对应予征税的货样、广告品(法律、法规规定实行许可证件管理的、需进口付汇的除外)，应提交中华人民共和国海关进出境快件 KJ3 报关单，每一进境快件的分快件详情单、发票和海关需要的其他单证。

(4)货物类出境快件报关时，快递企业或其代理人应按下列情形分别向海关提交报关单证。

对货样、广告品(法律、法规规定实行许可证件管理的、应征出口关税的、需出口收汇的、需出口退税的除外)，应提交中华人民共和国海关进出境快件 KJ2 报关单，每一出境快件的分快件详情单、发票和海关需要的其他单证。

(5)对上述以外的其他货物，按照《中华人民共和国海关进出口货物申报管理规定》对进出口货物通关的规定办理。

2.出口正式报关(D类)清关流程

(1)需客户提供的清关资料

①必须提供的单证：运单、出口货物报关单、出口收汇核销单、代理报关委托书、形式发票、装箱单等。

②其他单证：有的商品出口需中国商品质量检验检阅处查证的商品质量合格证明，需要提

供换单凭证/电子转单信息;出口货物有配额限制的要提供出口许可证书;根据海关对出口商品的监管条件,有时还需提供商检证、熏蒸证等;经海关批准准予减税、免税的货物,应交海关签章的减免税证明;若货物是化工品,报关时还要提供化工品情况说明及药典证明。

(2)申报注意事项

①出口货物的报关时限为装货的 24 小时以前,不需要征税、查验的货物,自接受申报起 1 日内办结通关手续。

②征税。

③查验。

④放行。

3. 快件海关扣仓的种类

(1)申报信息与实际货物不符。

(2)需要提供相关货物的发票或其他要求提供的单证。

4. 海关扣件分析及解决方式(表 9)

海关扣件分析及解决方式 表 9

扣件类型	明　细	产生原因	解决方式
快件信息问题	错报快件类型	清单上的快件类型与实际货物不符	正确制作清单,并严格按文件、包裹的定义进行分类登记
	品名不详实	形式发票上填写物品名称不详细	在填写形式发票时一定要将物品的品牌、规格、型号等填写清楚
	重量不符	清单上的计费重量与实际货物不符	正确计算货物的重量(或体积重量),交货前保证货物的严实包装,避免产生货物变形的操作与包装,据实制作交接清单的计费重量
	物品不符	运单发票申报与实际货物不相符	收货、交货前仔细核实发件人的寄运物品,根据实际货物书写运单发票资料
	有货无单、有单无货	清单与实际到的货物不相符	正确制作交接清单,交货前根据交接清单核实待交的货物,做到单货相符
	信息问题	操作中转要求不明确或不在提供服务范围内	正确制作交接资料及书写操作中转要求,交货前应正确判断所交货物是否在提供的服务范围之内,有疑问的与客服查询
申报问题	要求提供美元报价	报价不规范	美元是国际通用币种,为各国海关所接受,正确地使用美元报价有利于清关,减少清关问题
	价值不符	运单发票上的申报价值与实际货物的价值不符	根据货物的实际价值正确的提供货物向海关申报的价值,正确地填写在运单和发票上
	无发票	随货没有提供发票	发件人必须提供货物的发票,以便正确地向海关申报,减少货物的清关问题
	数量不符	运单发票申报的数量与实际货物不相符	装箱发货前,点清内装货物数量,并做好封箱。根据实际货物的数量,正确制作运单发票资料

(四)国际快件相关文件

一般个人物品的进、出口寄递主要使用的单据是详情单、形式发票,公司间的快件进、出口寄递还需要提供以下几种单据。

1.装箱单

(1)装箱单

装箱单是发票的补充单据,它列明了信用证(或合同)中买卖双方约定的有关包装事宜的细节,便于国外买方在货物到达目的港时供海关检查和核对货物,通常可以将其有关内容加列在商业发票上,但是在信用证有明确要求时,就必须严格按信用证约定制作。

(2)装箱单的填写

2.进出口货物报关单

根据贸易性质和海关监管的要求不同,进出口货物报关单分为进口货物报关单、出口货物报关单、进料加工专用进口货物报关单、进料加工专用出口货物报关单、来料加工补偿贸易专用进口货物报关单、来料加工补偿贸易专用出口货物报关单、外商投资企业专用进口货物报关单、外商投资企业专用出口货物报关单等不同类别。

进口货物报关单一式五联,分别是:海关作业联、海关留存联、企业留存联、海关核销联、进口付汇证明联;出口货物报关单一式六联,分别是:海关作业联、海关留存联、企业留存联、海关核销联、出口收汇证明联、出口退税证明联。

进出口货物报关单可以分为以下几种类型:

(1)按进出口状态划分

进口货物报关单和出口货物报关单。

(2)按表现形式划分

纸质报关单和电子数据报关单。

(3)按使用性质划分

①进料加工进出口货物报关单(粉红色)。

②来料加工及补偿贸易进出口货物报关单(浅绿色)。

③外商投资企业进出口货物报关单(浅蓝色)。

④一般贸易及其他贸易进出口货物报关单(白色)。

⑤需国内退税的出口贸易报关单(浅黄色)。

(4)按用途划分

①报关单录入凭单。

②预录入报关单。

③电子数据报关单。

④报关单证明联。

3.代理报关委托书

代理报关委托书是托运人委托承运人或其代理人办理报关等通关事宜,明确双方责任和义务的书面证明。委托方应及时提供报关报检所需的全部单证,并对单证的真实性、准确性和完整性负责。

(1)委托方责任

(2)被委托方责任

(3)赔偿原则

被委托方不承担因不可抗力给委托方造成损失的责任。因其他过失造成的损失,由双方自行约定或按国家有关法律法规的规定办理。由此造成的风险,委托方可以以投保方式自行规避。签约双方各自不承担因另外一方原因造成的直接经济损失,以及滞报金、滞纳金和相关罚款。

(4)收费原则

一般货物报关收费原则上按当地《报关行业收费指导价格》规定执行。特殊商品可由双方另行商定。《委托报关协议》的任一条款与《海关法》及有关法律、法规不一致时,应以法律、法规为准,但不影响《委托报关协议》其他条款的有效。

4. 出口收汇核销单

出口收汇核销单,是由外汇局制发、出口单位凭以向海关出口报关、向外汇指定银行办理出口收汇、向外汇局办理出口收汇核销、向税务机关办理出口退税申报的有统一编号及使用期限的凭证。

(1)核销单的组成

核销单共有三联:企业存根联、银行签注联和出口退税专用联。

(2)核销单内容

①出口单位名称。

②编号。

③寄单日期。

④BP/OC 号(Bill Purchased/Outward Collection)。

BP 号是指信用证项下议付通知书编号,OC 号是指托收项下托收委托书编号,该栏由受托行或解付行根据信用证项下议付通知书编号或托收项下托收委托书编号填写。

⑤结汇/收账日期。

⑥有关费用及货款处理方式。

⑦海关核放情况。

⑧受托行/解付行备注。

⑨出口单位备注。

⑩外汇管理部门核销意见。

⑪出口货物数量、总价。

⑫收汇方式。

⑬预计收款日期。

5. 出境货物通关单

为了规范对出入境检验检疫货物的通关管理,国家出入境检验检疫局与海关总署决定从 2000 年 1 月 1 日起实施新的检验检疫货物通关制度,通关模式为“先报验,后报关”。同时出入境检验检疫部门将启用新的印章、证书。

新的检验检疫制度对原卫生检验检疫局、动植物检验检疫局、商检局进行“三检合一”,全面推行“一次报检、一次取样,一次检验检疫,一次卫生除害处理,一次收费,一次发证放行”的工作规程和“一口对外”的新的检验检疫模式。而从 2000 年 1 月 1 日起,对实施进出口检疫的货物启用“入境货物通关单”和“出境货物通关单”,并在通关单上加盖检验检疫专用章,对列入《出入境检验检疫机构实施检验检疫的进出口商品目录》范围内的进出口货物(包括转关运输货物),海关一律凭货物报关地出入境检验检疫局签发的“入境货物通关单”或“出境货物通关单”验放,取消原“商检、动植物检、卫检”以放行单、证书及在报关单上加盖放行章通关的形式。

6. 出口许可证

出口许可证是指在国际贸易中,根据一国出口商品管制的法令规定,由有关当局签发的准许出口的证件。出口许可证制是一国对外出口货物实行管制的一项措施。

根据国家规定,凡是国家公布实行出口许可证治理的商品,不管任何单位或个人,也不分任何贸易方式(对外加工装配方式,按有关规定办理),出口前均须申领出口许可证;非外贸经营单位或个人运往国外的货物,不论该商品是否实行出口许可证治理,价值在人民币 1 000 元以上的,一律须申领出口许可证;属于个人随身携带出境或邮寄出境的商品,除符合海关规定自用、合理数量范围外,也都应申领出口许可证。

目前,我国执行审批并签发出口许可证的机关为:许可证事务局及商务部驻各地特派员办事处和各省、自治区、直辖市、计划单列市以及商务部授权的其他省会城市商务厅(局)、外经贸委(厅、局)。各发证机构应当严格按照年度《出口许可证管理货物目录》和《出口许可证管理分级发证目录》的要求,自收到符合规定的申请之日起 3 个工作日内签发相关出口货物的出口许可证,不得违反规定发证。

(五)代理报关和代理报检

1. 代理报关

代理报关业务是指进出境运输工具的负责人、货物和物品的收发货人或其代理人,在通过海关监管口岸时,依法进行申报并办理有关手续的过程。代理报关分为直接代理报关和间接代理报关。快递企业办理代理报关服务可收取代理报关服务费。快递企业应根据业务成本和市场竞争的需要确定代理报关服务费的标准,并征得当地物价部门的同意。

2. 代理报检

(1)代理报检是快递企业的服务内容之一。特别是从 2001 年起,对进出境物品的报关和检验实行了“先报检后报关”,强调了报检工作的重要性。而代理报检工作同代理报关一样在国际快递市场竞争中显得尤其重要。

(2)2001 年 9 月 17 日国家质量监督检验检疫总局公布了《出入境快件检验检疫管理办法》(总局令第 3 号)(以下简称《管理办法》),2001 年 11 月 15 日施行。

①检验检疫快件。

②备案登记。

③检验检疫机构对快递企业所提交的有关资料进行审核,符合要求的,予以签发出入境快递企业检验检疫备案登记证书。

④报检。

⑤快递企业在申请办理出入境快件报检时,应提供报检单、总运单、每一快件的分运单、发票等有关单证。

⑥入境快件到达海关监管区时,快递企业应及时向所在地检验检疫机构办理报检手续。

⑦快递企业可以通过电子数据交换(EDI)的方式申请办理报检,检验检疫机构对符合条件的应予受理。

(3)检验检疫及处理。

①检验检疫机构对出入境快件实行分类管理。

②入境快件的检验检疫。

③出境快件的检验检疫。

(4)快递企业应当配合检验检疫工作,向检验检疫机构提供有关资料和必要的工作条件、工作用具等,必要时派出人员协助工作。

(六)常见国家(地区)海关禁寄规定及清关注意事项

国际快件需要经过我国海关和寄达国(地区)海关的查验,符合要求的快件予以通关。武器、炸药、枪支、麻醉药物、危险化学品、易燃、易爆、易腐蚀物品等均为各国(地区)禁寄物品,除此以外,各国(地区)还有其他特殊的规定,以及敏感时期的临时规定。

1. 美国海关禁寄规定及清关注意事项

(1)禁寄物品

①新鲜、脱水或罐装的肉类、肉制品。

②植物种子、蔬菜、水果及土壤。

③昆虫及其他对植物有害的虫类。

④非罐装或腌熏的鱼类及鱼子。

⑤野生动物及标本。

⑥盗印(无版权)书籍及录音、录影带。

⑦遗体、苦艾酒、色情刊物、火器、煽动性和反动性文件素材等。

⑧干花类制品(防干花制品带有细菌)。

⑨所有没有在美国财政部海外资产控制办公室(简称 OFAC)预报的直接或间接从第三国(古巴、伊朗、伊拉克、苏丹、叙利亚、缅甸、朝鲜)中转的寄递物品。

⑩未经美国食品药品管理局(简称 FDA)登记的食品、奶制品、药品等。

(2)清关注意事项

①需提供原始正本商业发票。

②礼品和样品均须详细说明内件名称。

③发票应注明物品产地来源说明,重量及尺寸,美元价值,付款条款(INCO)等内容。

④纺织品需要纤维成分说明,服装需说明类型及数量。

⑤物品描述必须详尽,描述信息须包括用途和原产地,对含糊的英文描述如“sample(包括 diagnostic samples)”、“parts(包括 spare parts)”、“gift”、“clothing”、“tools”等一律不接受。

2. 日本海关禁寄规定及清关注意事项

(1)禁寄物品

药物、色情刊物、古玩、遗体、种子、护照、鲜果、影片、有壳核桃、活的动植物、鲜花、干花等。

(2)清关注意事项

①化妆品:需提供进口许可证。

②动物制品:需提供产地证、出口许可证、进口许可证,并详述品名、学名、价值、数量、收件人地址、电话。

③医药、医疗器械设备、眼镜片、隐形眼镜:需提供进口许可证。

④食品:易腐品、肉食品,谷(大米,小麦等)奶酪均不可进口;罐装食品可以进口,其他包装食品每票重量在10kg以下则可以进口,并且要求详细收件人地址、电话。

⑤皮革制品:需说明是何种皮革(猪、牛、羊等)及用途,发票上需注明皮革产地。

⑥纺织品:需在发票上说明质地成分、织法、产地;真丝、布样、羊绒布块需进口许可证;服装还要注明款式。

⑦茶叶:需提供进口许可证。

⑧化学品:必须详细注明品名、化学报告、详细收件人地址电话,部分化学品还需有进口许可证。

⑨礼品:需注明礼品品名、数量、价值、用途,礼品件数不能超过24件。

3.俄罗斯海关禁寄规定及清关注意事项

(1)禁寄物品

洋酒、烟草、香烟、巧克力、茶等。

(2)清关注意事项

①形式发票只适用于样品。

②原始发票用英文书写,以美元(US$)计价。

③发票应打印而非手写。

④发票应注明每类物品数量、价值、重量以及统一的关税号码;注明运费及保险费,注明付款条款(INCO),交易目的,注明交货条件。

⑤CD、DVD、立体卡片等物品不能按文件类付运,必须提供商业发票。

4.澳大利亚海关禁寄规定及清关注意事项

(1)禁寄物品

药品、果蔬、含有鸡蛋或牛奶成分的食物、万艾可、烟草、动物皮毛、象牙、贵金属、宝石、古董、艺术品、有价证券、货币等。

(2)清关注意事项

①寄递物品需详细说明,不接受品名是"礼品"或"样本"的快件。

②木质包装需加盖IPPC(国际植物保护公约)标识,商业发票上需注明木质包装物已经过熏蒸。

5.中国台湾海关禁寄规定及清关注意事项

(1)禁寄物品

①医药和医疗设备。

②茶具、工艺品、金银玉石首饰、古董。

③化工产品(尤其是粉末及液体物品)。

④化妆品、眼镜。

⑤谷物及其种子。

⑥烟草、酒、食品、饮料。

⑦电子通信器材、电路板、磁碟片。

⑧政治读物。

⑨扑克牌、麻将牌。

⑩假冒及仿制品、涉及知识产权的物品。

(2)清关注意事项

①运单及发票应以英文填写。

②应正确申报物品的数量及合理价值。

③木质包装需加盖IPPC(国际植物保护公约)标识,商业发票上需注明木质包装物已经过熏蒸。

6.德国海关禁寄规定及清关注意事项

(1)禁寄物品

(2)清关注意事项

①酒类和饮料:发票上必须写明酒精的含量,如果是甜味的,必须写明糖的含量,啤酒的样品将会有高额的税费。

②化工品:详细的说明(详细的化学品名),不接受"chemical product"。

③药品和制药类物品:仅限于收件人为公司,收件人需要提供进口许可证。所有个人用的药品仅限于发给药店,运单和发票要都要注明药店的名字。

④纺织品:如果纺织品产于亚洲/中东/非洲,价值高于22欧元的需要准备原产地证明。

⑤针对中国的所有货物都要求提供商业发票,不接受形式发票。

另外寄往中东国家(地区)和印度的快件,禁止寄递含有液体、粉末的物品以及化工产品、食品(尤其是肉制品)、药品等。

第十章 快件派送

第一节 派送工作的组织

(一)派送模式的选择

1.集中派送

集中派送的具体表现形式为:全市组织一个统一的派送网络,集中对服务范围内的快件进行派送。

2.分散派送

分散派送的具体表现形式为:将一个城市划分为若干个派送区域,在每个派送区域内选定一个派送网点,以派送网点为中心,将派送区域划分为多个派送段,实现该派送区域快件的派送。

(二)派送网点的设置

1.派送网点的设置条件

一般情况下,派送网点的设置,不仅要考虑快件的派送业务,还要考虑快件的收寄业务。

(1)服务范围

(2)业务量要求

2. 派送网点的设置要求

(1)便于合理组织各派送网点的派送作业

(2)减少快递业务员派送作业的空白里程

(3)有利于派送质量的控制和监督

3. 派送网点的选址标准

(1)配套设施

(2)合法性

(3)治安状况

(4)交通便利

(5)地理位置适中

(6)场地要求

4. 派送网点的基本配置

(1)人员、场地面积的配置

(2)设备、设施的配置

派送网点作为快递企业的基层营业场所,应满足以下要求:

①有组织标识。

②有符合相关规定的消防和监控设施。

③悬挂名称牌和营业时间牌,标牌保持干净、整洁。

④在显著位置公布服务标准、资费标准、服务承诺、服务电话或电子邮箱、监督投诉电话或电子邮箱等。

⑤能提供各种业务单据和填写样本。

⑥有必要的服务设备。

(三)作业现场管理

1. 作业现场管理的基本原则与要求

(1)基本原则

作业现场管理应遵循的基本原则是:方便客户、便于操作、有利管理、保密安全、整洁卫生、美观大方。

(2)作业现场的基本要求

2. 作业现场管理的方法

(1)整理

(2)整顿

(3)清扫

(4)清洁

(5)素养

(6)安全

(四)派送段的设计

1. 派送段设计的作用

通过划分派送段对快递业务员进行定区管理,可以实现以下目标:

①快递业务员能够充分掌握该区域的道路、建筑、交通、客户群体等信息，合理设计派送路线并掌控派送时间，提高派送效率。

②将快递业务员的工号与派送段编码进行绑定，以实现收派任务自动分配，对快件进行实时跟踪管理。

③快递业务员深入了解该派送区域的市场行情及客户需求，有利于开发市场和开展客户维护工作。

2. 派送段的组织形式

派送段的组织形式有两种：一种是按照使用的派送车辆可分为非机动车段和机动车段；另一种是按照服务对象侧重点的不同可分为综合派送段、专业市场派送段、大客户派送段和社区派送段。

3. 派送段的设计

(1)设计派送段时考虑的因素

(2)设计派送段的基本要求

(3)设计派送段的步骤

(4)设计派送段的注意事项

(五)快件派送调度

1. 快递业务员调度

调度人员通过与快递业务员、客服人员以及处理人员的沟通协调、确保信息完整及时地传达，监督快件派送任务的完成。

(1)调度的职责

(2)快递业务员调度的方法

(3)快递业务员调度的要求

①合理安排快递业务员的工时定额

②合理安排快递业务员替班

③编制快递业务员的排班计划

2. 车辆的调度

(1)车辆调度的工作内容

(2)车辆调度工作的特点

①计划性

②预防性

③机动性

④权威性

(3)车辆调度的基本原则

①保证快递时限

②统一领导和内外协作相结合

③保证安全

④综合利用运输工具

⑤节约成本

(4)车辆调度的方法

①经验调度法

②专车运行调度法

③循环调度法

④统筹协调法

⑤图上作业法

⑥智能调度法

第二节　国内快件的派送

(一)派送流程

派送流程是指将快件交给客户,并在规定的时间内,完成后续处理的过程。快件派送分为按址派送、网点自取两种形式。

1. 按址派送快件的服务流程

2. 网点自取快件的派送流程

(二)派送交接

1. 交接检查

(1)交接检查的内容

①清点核对快件数量。

②核对是否有外包装破损、错分快件、地址错误、超范围、重量明显有误等异常快件。

③检验快件运单是否脱落、湿损、破损,运单信息是否清晰明了。

④确认快件付款方式,核对快件到付款、代收款金额。

⑤检查收件人姓名和地址。

(2)交接检查的方法与步骤

①核对快件数量,通过勾挑核对检查多件或少件的情况,并将多出或缺少的快件进行注明,将异常信息向处理人员反馈。

②检查快件外包装有无破损,如发现异常快件,将异常信息向处理人员反馈,并将快件滞留在派送网点,由处理人员进一步跟进处理。

③检查保价快件的保价封签是否正常,如发现异常情况,将异常信息向处理人员反馈并向主管人员汇报。

④检查快件运单。

⑤检查收件人地址是否清晰详细,能否准确识别。

⑥检查快件是否属于本人派送范围。

2. 交接原则

(1)会同交接原则

(2)交接验收原则

(3)签字确认原则

(三)派送路单制作

1. 派送路单的制作方法

在派送快件前,通过手工抄写、电脑系统打印等方式将准备派送的快件的相关信息制作成派送路单。

(1)手工登单

(2)电脑系统打印

2. 派送路单的制作要求

①在制作派送路单时,必须做到“两准、两核对”。

②派送路单制作过程中如发现有错误分拣(即串段)、错误登录(快件信息录入错误)的情况,要及时予以更改。

③手工登单时路单的流水号要连续。

④每个派送段登录完毕应有正确结数,同时路单(包括底份)上都应清晰地加盖当班(日)登单日戳或填写登单日期及时间,同时登单人员要加盖名章。

⑤制作派送路单时,要逐票核对派送路单与快件实际信息是否相符。

⑥派送路单字迹必须清晰可辨认,并一式两份,一份由处理人员留底备份,一份由快递业务员作为派件的依据。

⑦快递业务员对照派送路单检查核对快件,核对无误后,会同处理人员在派送路单上签字确认。

⑧派件时,快递业务员在派送路单上记录派送异常情况,归班后上交业务主管存档。

(四)快件排序

1. 派送路线设计

(1)派送路线设计的原则

①保证快件安全。

②保证派送时限。

③优先派送优先快件。

④优先派送保价快件。

⑤先重后轻,先大后小。

⑥减少空白里程。

(2)派送路线设计的方法

①最短路径法。

②节约里程法。

2. 快件排序

对快件进行合理、得当的排序,是快件派前整理的重点,也是快件实现高效率派送的基础。

(1)快件分堆

(2)快件细排

(3)排序复核

(五)派送快件的装运

1. 影响快件装运的因素

(1)快件的特性

(2)快件的形状

(3)快件的规格、重量

2. 快件装载的原则

(1)安全原则

(2)轻重搭配原则

(3)集中放置原则

(4)小件集结原则

(5)合理码放原则

(6)严禁超载原则

(7)易滚动快件垂直摆放原则

(8)适当衬垫原则

(9)重量分布均匀原则

(10)适当稳固原则

(六)派送服务

1. 派送服务的基本原则

(1)安全派送原则

(2)保证派送时限原则

(3)信息保密原则

2. 派送服务注意事项

①装卸搬运快件时注意人身及快件安全,防止和消除无效作业。

②注意交通安全,做好行车前准备,途中严格遵守交通法规。

③派送途中安全保管快件。

④快件签收注意事项。

⑤保管好业务资金。

3. 安全派送快件

(1)安全保管快件

①快件安全保管的重点

防损毁,防被盗,防丢失,防泄密。

②派送途中安全保管快件

(2)派送途中注意交通安全

①防御驾驶的作用和目标

②防御驾驶的核心步骤

③防御性驾驶的基本要求

(七)增值快件的派送

1. 签单返还快件的派送

(1)签单返还快件的概念

签单返还快件是指快递企业在派送快件后,将收件人签收或盖章后的回单返回寄件人的业务。

(2)签单返还快件的派送方法

(3)回单的回寄

2.保价快件的派送

(1)保价快件的概念

保价快件是指客户向快递企业申明快件价值,快递企业与客户之间协商约定由寄件人承担基础资费之外保价费用的快件。

(2)保价快件的派送要求

3.限时快件的派送

(1)限时快件的概念

(2)限时快件的派送要求

(八)问题件的派送

1.名址不详快件

2.延误快件

(1)快件延误的原因

(2)延误快件的处理

(3)延误快件的赔偿

3.外包装破损快件

(1)快件派送交接过程中发现破损

(2)派送时发现外包装破损

4.错发快件

(九)特殊件的派送

1.改寄件

改寄件是指快递企业受用户委托,变更原派送地址,寄往新地址的快件。

(1)改寄件的处理

(2)改寄件的派送

2.撤回快件

(1)撤回快件的概念

(2)撤回快件的派送

第三节　电子商务快件派送

(一)电子商务快件派送的特点

1.时效性要求高

2.服务质量要求高

3.派送范围广

4.业务量分布规律

(二)电子商务快件的派送

1.派前准备

(1)业务准备

(2)提前电话核实客户信息

(3)收款准备

2. 派送服务

(1)送件上门

(2)提示客户验收快件

(3)快件签收

①退、换货服务。

②签收通知。

(4)代收货款

①代收货款快件派送的注意事项。

②客户拒付代收货款的处理。

3. 后续处理

(1)退回快件处理

(2)派送信息复核

电子商务快件派送信息复核的重点内容如下：

①核对代收货款快件的货款是否足额收取。

②核对退、换货快件是否进行批注，批注内容是否准确。

③核对改址派送快件是否在派送路单或运单上注明。

④核对收件人(代收人)签名是否正确、清晰。

第四节　国际及港、澳、台快件派送

(一)派送流程

1. 国际及港、澳、台快件派送流程

2. 国际及港、澳、台快件派送流程说明

(1)收款信息准备

(2)发票准备

(3)设备准备

(4)快件交接检查

(5)审核运单，核对批译内容

(6)快件排序

(7)扫描快件、传输数据

(8)打印派送路单

(9)装运快件

(10)送件上门

(11)向客户确认快件

(12)提示客户验收快件

(13)收取应收款

(14)指导客户签收

(15)签收信息上传

(16)派送信息复核

(17)运单及无法派送快件的交接

(18)派送信息录入

(19)结算款项

(二)派送异常情况处理

1.快件无人签收

2.客户拒绝签收

3.发运地址错误

4.外包装破损

5.一票多件快件数量不齐

6.改寄件

(1)个人快件改寄

(2)单位快件改寄

(3)按改寄清单进行派送

(三)代缴关税快件的派送

1.关税的收取方式

(1)关税记账

(2)关税现结

(3)关税记账转第三方

2.代缴关税快件的派送

(1)派送交接检查快件时,对有征税标志的快件,需检查是否附有相对应的税单及发票。

(2)关税现结客户,应提前通知客户征收关税事宜,以便客户提前准备税款,同时也节省派件时间。

(3)关税记账客户,派送时与客户说明情况,客户确认无误后,将快件交付客户签收,并将快递企业分配给客户的账号认真清楚地填写在运单备注栏内。

(4)收取关税时,如果有正本税单,在收费时不需要另外开具发票,将税单交与客户时,由客户在"应收款账单"上签字,表明客户收到正本税单。如果没有正本税单,向客户开具收款发票。

(5)如果客户因故未支付税款,快递业务员在运单或派送路单上批注拒绝支付的原因及拒绝支付税款的金额,请客户签名确认,将快件带回,按问题件处理并报客服部门备案。

(四)到付快件的派送

1.到付现结快件的派送

(1)快递业务员与处理人员交接快件时,到付现结快件需单独交接确认。

(2)对快件进行复重审核,如果复重的重量比运单所写重量大,应按复重重量计算运费,并按标准收取燃油附加费。

(3)通知客户需要收取的资费,以便客户提前做好付款准备。

(4)由于收取资费时,需要向客户开具收款发票,因此要提前做好相关单据的准备。

(5)派送到付现结快件时,必须"银货两讫",一手交钱,一手交件,以免出现坏账。

(6)客户因故拒绝付款时,禁止派送,同时将派送异常情况上传到信息系统,在运单或派送路单上批注客户拒付的原因及拒付的资费金额,请客户签字确认,将快件带回,按问题件处理并报客服部门备案。

2.到付记账快件的派送

客户与快递企业签订到付记账协议,快递企业给客户分配一个到付账号,派送到付快件时不需要当场收款,定期由快递企业财务部门开具发票,统一收款。

第五节　后续处理

(一)运单处理

快递业务员返回派送网点后,对当日成功派送快件的运单“派件存根”联进行整理、审核无误后,交与网点指定人员归档。

1.整理运单

按寄付、到付、代收货款、代缴关税等对运单进行分类整理。

2.核对数量

核对运单与无法派送快件的数量,是否与派送路单中快件总数平衡一致。如果数量不一致,需及时找出数量不符的原因并跟进处理。

3.核对签收信息

逐票核对运单是否有收件人(代收人)签名及签名是否清晰、完整。对字迹潦草难以辨认或不完整的签名,快递业务员应用正楷加以注明,便于签收信息的录入及查询。

4.装订运单

核对无误后,将运单整理整齐进行装订。装订时,要求运单方向保持一致。

5.运单交接

快递业务员将装订好的运单交与网点指定人员,办理交接手续。

(二)派送信息的复核及录入

1.派送信息复核

(1)复核签收批注情况

(2)复核应收款收取情况

(3)检查无法派送快件的批注情况

2.派送信息录入

派送信息的录入要求如下:

(1)真实性

(2)完整性

(3)及时性

(三)无法派送快件的处理

1.无法派送快件产生的原因

快件无法派送的原因很多,主要有以下几种类型:

(1)地址书写不详或错误

(2)原书写地址无此单位或收件人

(3)客户迁移新址不明

(4)客户公司注销无人收件

(5)客户拒收或拒付

(6)自取件逾期不领

(7)其他无法派送的快件

2. 无法派送快件的处理

(1)无法派送快件的处理方法

①首次无法派送时

②第二次派送仍不成功

③若联系不到收件人

(2)无法派送快件处理的注意事项

①无法派送的快件,必须注明无法派送的原因以及是否进行电话、短信联系。

②在确定为无法派送的快件前,必须联系收件人。

③收件人不接电话、关机,应保留电话拨打记录,以便于确认。

④因快件派送要求与快递企业运营规则冲突所造成的无法派送快件,应耐心告之收件人和发件人无法派送的原因,与客户协商网点自取。

3. 无法派送快件的原因批注

(1)无法派送快件原因批注方法

①专业处理单批注

②十字标记批注法

(2)无法派送快件的批注要求

①清晰

②明确

③连贯

④时效

⑤完整

⑥牢固

4. 无法派送快件的移交与保管

(1)无法派送快件的移交

(2)无法派送快件的保管

(四)无着快件处理

1. 无着快件的概念

无着快件是指无法派送且无法退回寄件人、无法派送且寄件人声明放弃或无法派送且保管期满仍无人领取的快件。

2. 无着快件的处理方式

快递企业应及时登记无着快件,并将无着快件每半年 1 次集中到省级邮政管理部门所在地或其他办事处所在地,申请集中处理。

3. 无着快件的处理期限

(1)无着快件的信件,自快递企业确认无法退回之日起超过6个月无人认领的,由快递企业在邮政管理部门的监督下销毁。

(2)无着快件的其他快件,自快递企业确认无法退回之日起超过6个月无人认领的,由快递企业在邮政管理部门的监督下进行开拆处理,不宜保存的物品除外。

(3)国际无着快件,快递企业保管期满3个月后,将无着快件每半年1次集中到省级邮政管理部门所在地或其他办事处所在地,申请集中处理;对于处于报关阶段的无着快件,由海关依法进行处理。

4.无着快件的处置

对因寄件人或收件人信息缺失而导致的无着快件,能从拆出的物品中寻找收件人或寄件人信息的,应继续尝试派送或退回。除此之外,对于能够变卖的物品,应交当地有关部门收购,价款上缴国库;不能变卖的,应按以下规定处置。

(1)存款单、存折、支票,应寄交当地人民银行处理,其他实名登记的有价证券,应寄往发行证券的机构处理。

(2)金银饰品,应由邮政管理部门指定的机构收购后,由邮政管理部门上缴国库。

(3)本国货币,应由邮政管理部门上缴国库,外国货币应兑换成人民币后由邮政管理部门上缴国库。

(4)户口迁移证、护照和其他各种证书,应送发证机关处理。

(5)其他不能变卖的物品,根据具体情况,妥善处理。

(五)款项交接

快递业务员需当班将收取的到付资费、代收货款、代缴关税等应收款与财务人员进行结算,必须当日结清,以保证企业资金正常流转。款项交接流程如下。

1.整理收款资料

2.清点资金

3.资金核对

4.领取交款清单

5.核对交款清单

6.交款签字

按交款清单移交资金。移交支票时,需在交款清单中登记支票号码。款项移交完毕,核验无差错,交接双方在交款清单上签字。财务人员向业务员开具收款票据,证明已接收款项。

第十一章　客户服务

第一节　快递客户服务概述

(一)快递客户服务的意义

1.优质的客户服务是最好的企业品牌

2.优质的客户服务使企业具有超强的竞争力

3.优质客户服务是防止客户流失的最佳屏障

(二)快递客户服务的理念

1. 客户至上

客户至上是快递企业一贯秉承的服务理念,也是快递企业赖以生存和发展的基础。

2. 视客户为亲友

3. 注重服务细节

客户服务过程是一个不断创新、不断完善的过程,而一切创新的灵感都来自于服务过程的细节。

(三)快递客户服务的基本要求

1. 快递业务员的素质要求

(1)"处变不惊"的应变力

(2)挫折打击的承受能力

(3)情绪的自我掌控及调节能力

(4)积极进取、永不言败的良好心态

(5)勇于承担责任

2. 快递业务员的职业能力要求

(1)准确掌握企业的快递产品

快递业务员要做好客户服务,首先要准确掌握企业的快递产品种类、特征、功能、资费、处理过程、服务标准等知识。

(2)具有丰富的行业知识及经验

(3)了解快递企业的发展历史和未来的发展趋势

(4)思维敏捷,具备对客户心理活动的洞察力

3. 快递业务员服务的技巧

(1)学会聆听客户的抱怨

(2)良好的语言表达能力

(3)优雅的形体语言表达技巧

(4)具备良好的人际关系沟通能力

(5)良好的倾听能力

第二节　客户开发

(一)快递市场发展的趋势

1. 综合化

2. 国际化

3. 网络化

4. 个性化

5. 信息化

6. 自动化

(二)快递客户需求调查与分析

1. 调查与分析的目的

(1)明确企业业务现状、产品特点。

(2)了解快递行业现状,预测快递发展趋势。

(3)了解客户需求特点,发现和识别市场开发机会。

(4)了解客户满意程度,收集客户的意见与建议。

(5)建立客户信息系统,收集、研究市场信息和客户信息。

(6)评价市场开发机会。从企业任务目标、成本价格分析、竞争对手分析等角度评价。

2. 调查与分析的步骤

(1)制订调研方案

①明确调查分析目的

②确定调查对象

③选择调查方式

④制订调查方案

⑤确定统计、分析工具与方法

⑥设计调查问卷与访谈提纲

(2)实施调查工作

①调查实施前培训

②调查前准备各项工具

③进行客户调查

④整理调查结果

(3)分析运用调查结果

①汇总调查结果并录入信息

②调查结果分析与运用

3. 客户需求调查的方式

快递企业对客户需求调查的方式可分为当面调查、网络调查、电话调查和问卷调查。

4. 建立客户数据库

(1)根据调查的信息建立客户数据库

(2)客户数据库的建立和分析能够帮助业务员寻找新的客户

5. 加强客户信息管理

(1)高度重视客户信息的价值

(2)注重对客户静态信息的整理与利用

(3)加强对客户动态信息的追踪

(4)整合企业资源,提高管理水平

(5)保证客户信息的安全

(6)尊重客户的隐私权

(三)快递客户需求的特点

1. 个性化服务

(1)个性化服务的理念

(2)个性化服务的策略

2. 增值服务

(1)增值服务的概念和作用

(2)目前快递企业的增值服务

(四)快递客户的消费心理

1.客户的心理现状

(1)实用心理

(2)便捷心理

(3)自尊心理

(4)保密心理

2.影响客户使用快递行为的因素

(1)企业使用行为因素

①快递品牌

②快递企业的网络覆盖范围

③增值服务

④决策者的影响

(2)个人使用行为因素

①个人客户对快递服务的整体印象

②快递服务的价格与寄递速度

③快递服务的便利性

④客户的兴趣和爱好

(五)快递客户开发

1.制订快递客户开发计划

(1)选择客户

(2)选择沟通方式

(3)制定时间表

(4)制订客户开发策略

客户开发策略一般有以下三种:

①两步走策略

②亦步亦趋策略

③逆向拉动策略

(5)效果评估

2.客户开发计划制订的原则

(1)实用性

(2)创新性

(3)效益性

3.客户开发的方式

(1)建立良好的服务体系

(2)进行市场定位

(3)用优质产品或服务吸引客户

(4)建立长期稳定的客户群

4. 制订客户开发计划应注意的事项

(1)快递客户开发计划要明确所需要的支持。

(2)快递客户开发计划要有目标、可预见效果及对客户的后期影响评估。

(3)制订快递客户开发计划应准备相应的材料。

(4)制订一个好的快递客户开发计划,还需要业务部门深入客户调查研究,结合快递市场的发展以及企业的实际情况适时调整完善计划,及时总结创新。

第三节　客户维护

(一)客户维护的概述

客户维护是企业通过不断满足客户的需求,及时妥善地解决双方合作过程中出现的各类问题,从而与客户建立长期稳定的伙伴关系。

1. 客户维护的重要性

留住老客户是快递企业最基本的思想,每一个企业都应千方百计地留住老客户,防止客户的流失、背离。留住老客户必须建立在良好的客户关系基础上,要求快递企业区别不同类型的客户关系与特征,通过提供优质的客户维护服务和不断的技术创新、服务创新和组织创新,以赢得客户,换取客户的忠诚。确保留住现有的客户并不断开拓潜在的客户,为企业带来更多效益。

2. 加强客户关系管理

(1)客户关系管理的概念

(2)客户关系管理的意义

①客户资源是现代快递企业的重要战略资源

②客户资源是现代快递企业竞争的焦点

②寻求企业利润最优化是客户关系管理的根本目的

(3)客户关系管理的目的

①挖掘关键客户

②留住现有客户

③放弃回报低的客户

(4)客户关系管理的内容

客户需求指标体系内容主要有以下几个方面:

①安全保障

②紧急反应能力

③特殊情况处理能力

④服务区域

⑤转运时间

⑥包装材料服务

⑦快件跟踪

⑧快件组合方案

⑨信息系统

⑩价格需求

3. 客户满意度管理

利用CRM提升客户满意度的途径主要体现在以下三个方面:

(1)及时获得客户信息,有助于企业构筑令客户满意的服务体系。

(2)CRM建设有助于企业为客户提供个性化服务,提高客户忠诚度。

(3)快捷响应客户需求,提高企业的工作效率。

4. 客户开发和巩固

主要体现在以下几个方面:

(1)重视快递服务质量。塑造良好的客户品牌,用提高客户服务质量来增强客户的满意度。

(2)实现经营战略的转变。通过提高快递企业的知名度和服务水准在竞争中取胜。

(3)强化内部客户的管理。重视开发、维护和巩固外部客户的基础工作,实现企业服务的无缝链接。

(二)客户满意度调查

1. 客户满意度调查的方法

(1)访问法

访问法包括业务员前去拜访和电话访问及电子邮件的方式进行调查。

①拜访法

②电话访问

③电子邮件

(2)观察法

(3)问卷调查法

(4)委托调查法

委托第三方专业机构进行调查。调查的主要优点是能够真实地了解客户的心声,以及对企业的意见和建议,但费用成本相对较高。

2. 满意度调查的主要环节

客户满意度调查是评价客户满意程度的依据。开展调查应做好以下几个环节的工作:

(1)明确调查范围和调查主题

(2)拟定影响客户满意度的因素及其重要性程度

(3)设计专业问题

(4)对调查结果进行验证

3. 满意度调查的主要内容

开展满意度调查的项目应能准确反映以下内容:

(1)客户的基本情况、使用产品的特征

(2)对企业产品和服务满意的程度

(3)是否会向你的朋友推介这种产品

(4)还应该提供哪些需要的服务

(5)对企业产品和提供的服务有哪些不满意,并提出建议

(6)有待改进的方面有哪些

4.如何提高客户满意度

怎样才能提高客户满意度呢?这就要求快递企业认真抓好对客户需求的了解,做好以下几个方面的工作:

(1)预先考虑客户需求,树立以客户为中心的思想。

(2)增强客户体验。

(3)制定合理有效的服务质量标准。

(4)把提高客户满意度纳入企业战略范畴。

(5)建立客户档案、实行客户数据管理。

(6)加强客户沟通与客户关怀。

(7)分析客户满意因素。

(8)经常性客户的满意度调查。

(9)控制客户期望值。提高客户满意度的关键是快递企业必须根据自己的实际能力,有效地控制客户对产品或服务的期望值。

(10)积极解决客户抱怨。

(三)接受客户投诉的流程

投诉是客户对快递企业提供的服务不满意,向快递企业、快递协会或消费者协会提出请求处理的行为。

1.接受客户的投诉

(1)认真倾听客户的诉说、保持冷静,让客户体会到你的同情、理解,并真诚地说"对不起",以平息客户愤怒,换取客户的信任和理解。

(2)给客户以足够的关注与重视,记录如下信息:投诉人的姓名、地址和联系方式;投诉的理由、目的、要求;其他投诉细节。

(3)仔细了解整个事情的发生过程,在记录的过程中,应与投诉人核对信息,以保证信息的准确性。

(4)根据了解的情况,立即上报协调解决。

2.受理客户的投诉

(1)慎重受理客户投诉是平息投诉事态的重要步骤。

(2)要保持良好的心态,不要让客户的情绪干扰正常的工作态度和情绪。

(3)针对客户的误解,耐心解释、传递必要的专业知识,帮助客户消除误会。

(4)针对产品或服务中确实存在的缺陷和失误,给客户一个合理的解释,并提出弥补的办法。

3.分析客户投诉的原因

导致客户投诉的原因很多。从投诉的类型看,主要是"服务态度差"、"延误晚点"、"快件丢失和损坏"三大问题。从投诉的来源看,大部分投诉是来自电子商务"网购"快递。

(1)服务态度差

目前服务态度差已成为快递企业面临的首要投诉问题。通过对大量的投诉深入调查发

现,“服务态度不佳”的原因与以下几个方面有关:

①服务热线过“热”。

②沟通技巧不佳。

③回避问题的处理方式。

④客户对服务要求的提升。

⑤市场前景广阔,企业竞争不充分,导致服务意识不强。

(2)快件延误晚点

快件的“延误或晚点”是目前快递行业普遍存在的问题,出现这种情况的原因除了平常大家提得最多的运输途中不确定因素带来的延误外,通过对大量投诉案例的分析,还发现下列几种情况也是导致快递行业准点率不高的重要因素:

①现代社会的节奏越来越快,要求企业能够提供与之匹配的服务。

②行业竞争的加剧导致部分企业虚报服务时间。

(3)快件丢失和损坏

快件损坏大都是在运送中转和投递过程中造成的,其原因主要有以下几个方面:

①快递企业为了扩张市场,很多地方都是加盟形式,自负盈亏。

②快递企业目前的硬件保障设备还不完善。

③从业人员在运送过程中粗暴野蛮操作。

4.为客户投诉提供便利条件

(1)制订明确的产品和服务标准及补偿措施。

(2)引导客户怎样投诉。

(3)方便客户投诉。

5.全力解决客户投诉问题

(1)制定和发展员工的雇用标准和培训计划。

(2)制定善后工作的指导方针。

(3)去除那些使客户投诉不方便的障碍,降低客户投诉的成本,建立有效的反应机制。

(4)维系客户和产品数据库。

6.反馈投诉处理结果

(1)按时效要求对处理结果进行反馈,也是对客户投诉处理的落实和验证,同时也是企业诚信待客的一种手段。

(2)及时告知客户处理的结果,客户离开前,看客户是否已经满意。

(四)客户投诉的处理

1.常见问题处理

2.赔偿条件

在寄递过程中,发生延误、丢失、损毁、内件不符时,快递企业应予以赔偿。

3.赔偿处理原则

快递企业与客户之间有约定的应从约定,没有约定的可按以下原则执行。

(1)快件延误的赔偿

快件延误的赔偿应为免除本次服务费用(不含保价等附加费用)。对内件含有时间限制的票据，如火车票、演出票等，因时间的延误导致直接价值丧失的，应按照快件丢失或损毁的标准进行赔偿。

(2)快件丢失的赔偿

快件丢失的赔偿，应免除本次服务费用(不含保价等附加费用)，此外，还应做到如下几点：

①对于购买保价的快件，快递企业按照被保价金额进行赔偿。

②对于没有购买保价的快件，按照《中华人民共和国邮政法》、《中华人民共和国合同法》等相关法律规定赔偿。

②造成客户其他损失的，按照相关民事法律赔偿。

(3)快件损毁的赔偿

快件损毁的赔偿应主要包括：

①完全损毁，指快件价值完全丧失，参照快件丢失赔偿的规定执行。

②部分损毁，指快件价值部分丧失，依据快件丧失价值占总价值的比例，按照快件丢失赔偿额度的相同比例进行赔偿。

(4)内件不符的赔偿

内件不符的赔偿主要包括：

①内件品名与寄件人填写品名不符，按照完全损毁赔偿。

②内件品名相同，数量和重量不符，按照部分损毁赔偿。

4. 索赔的程序

(1)客户提出索赔申告

寄件人在快件发生延误、丢失、损毁、内件不符时，可以依据赔偿规定向快递企业提出索赔申告。快递企业应提供索赔申告单给寄件人，寄件人填写后递交快递企业。

(2)快递企业索赔受理

快递企业应在收到寄件人的索赔申告单 24 小时内答复寄件人，并告知寄件人索赔处理时限。

(3)索赔处理时限

快递企业除了与寄件人有特殊约定外，国内快递服务及香港、澳门、台湾索赔处理时限应不超过 30 个日历天。对国际快递服务的索赔处理时限应不超过 60 个日历天。

(4)赔金支付

快递企业与寄件人在理赔金额达成共识的情况下，快递企业应在 7 个工作日内将赔偿金支付给寄件人或寄件人指定的受益人，与用户有约定的除外。同时寄件人签署收到，快递企业予以备案。

(5)赔偿争议的解决

协商不一致的，可依法选择以下途径解决：

①请求消费者协会调解。

②向有关行政部门申诉。

③根据与经营者达成的仲裁协议提请仲裁机构仲裁。

④向人民法院提起诉讼。

5. 免责条款

(1)由于客户的责任或者所寄物品本身的原因造成快件损失的。

(2)由于不可抗力的原因造成损失的。

(3)寄递的物品违反禁寄和限寄的规定,经主管机关没收或依照有关法规处理的。

(4)客户自交寄快件之日起满一年未查询又未提出赔偿要求的,快递企业不承担责任。

6. 处理客户投诉的沟通技巧

(1)换位法

(2)移情法

(3)全神贯注法

(4)引导征询法

引导征询法是一种为了平息客户不满,主动了解客户需求和期望,取得双方认同和接受的沟通技巧。

(5)平衡客户异议法

7. 有效处理客户投诉的意义

(1)防止客户流失

(2)降低负面影响

第十二章　业务英语

第一节　快递业务英语(Express Service English)

(一)服务礼貌用语(Service Courtesies)

1. 提供服务(Offering Services)

2. 请对方重复(Asking for Repetition)

3. 请稍等(Excusing for a Moment)

4. 其他

(二)业务问询(Service Enquiries)

1. 询问是否有零钱(Small Change)

2. 请求验视

3. 询问营业时间(Business Hours)

4. 关于支付

5. 关于关税

(三)业务办理(Transact)

1. 请填单(Filling in Forms)

2. 请问收方公司的中文名称是什么

3. 若更改付款方式,将收取 10 元更改付款方式手续费

4. 这份快件重×kg,××元运费

5. 运单存根请您收好,可以用来查询

6. 很抱歉这份快件在运输中损坏,按照程序我要带回公司处理。请相信我们会尽快查明原因给您一个满意的答复

7. 您有一份从深圳寄来的快件，请在这里签名

8. 任何问题请致电我们的服务热线 12345678

9. 包装建议(Packaging)

10. 包装材料的种类(Types of Packaging Material)

11. 易碎物品的包装(Packaging of Fragile Articles)

12. 流质物品的包装(Packaging of Liquid Substances)

13. 为确保我们能及时地把这份快件送达收方，麻烦您再确认一下收方地址是否已按××区××路××号××大厦××座××层××号来填写

14. 真对不起，这个地址已经超出我公司服务区域

15. 时间限制(Time Limit)

16. 关于保险

(四)业务营销(Marketing Services)

1. 拜访客户

2. 预约拜访客户的邮件

3. 赞同与拒绝

4. 一般性介绍(General Introduction)

5. 新业务介绍(Introduction to New Services)

6. 其他

第二节　常用词汇(Common Words and Expressions)

(一)数量词汇(Numerals)

在用英语写作和翻译中，遇到数字时，究竟是用阿拉伯数字还是英文单词表示，一般遵循以下规则：

(1)1 至 10 用单词表示，10 以上的数目用阿拉伯数字 (也可以 100 为界限)。

(2)人数用阿拉伯数字表示显得更简洁，不定数量、近似值用单词表示更恰当。

(3)日期、百分比、带单位的特殊数字，通常用阿拉伯数字。

(4)遇到分数，可用带连字符号的单词表示。

(二)快递业务常用词汇(Words and Expressions of Express)

第十三章　快递信息使用与管理

第一节　快递信息技术及其应用

(一)快递信息

1. 快递信息的概念

2. 快递信息的分类

(1)按快递功能分类

(2)按快递信息来源分类

(3)按管理层次分类

3. 快递信息的特点

4.快递信息的作用

(1)协调快递活动

(2)支持快递活动

(3)提供决策支持

(二)快递信息技术

1.条形码技术

(1)条形码的概念

(2)条形码的分类

①一维条码

②二维条码

(3)条形码技术在快递企业的应用

①快件信息管理

②业务人员管理

2.射频识别技术(RFID)

(1)RFID的概念

(2)射频识别技术的原理

①标签

②阅读器

③天线

(3)RFID技术在快递行业的应用

3.电子数据交换(EDI)

(1)EDI的概念

(2)EDI系统的构成

①数据标准

②EDI软件及硬件

③通信网络

(3)EDI在快递行业的应用

4.全球定位系统(GPS)

(1)GPS的概念

(2)GPS在快递中的作用

①GPS车辆监控系统可以提高企业信息化程度,优化管理运作机制,提高管理效率,优化企业资源配置;

②降低企业成本,提高服务水平;

③GPS车辆监控系统使管理更科学、更合理、更透明、更轻松高效;

④提升企业形象,提高企业市场竞争力;

⑤GPS车辆监控系统为现代快递管理提供了强大有效的工具,是现代化快递发展的必然趋势。

5.地理信息系统(GIS)

(1)GIS 的概念

(2)GIS 技术的应用

第二节　快递信息系统

(一)快递信息系统概述

1. 快递信息系统的概念

2. 快递信息系统的作用

(1)快递信息系统是提高快递服务质量的保证

(2)快递信息系统是提高快递企业服务效率的必要条件

(3)快递信息系统是节约快递成本的重要手段

3. 快递信息系统的基本功能

(1)信息的收集和录入

(2)信息的存储

(3)信息的传输

(4)信息的处理

(5)信息的输出

(二)快递信息系统基本功能

1. 营运管理系统介绍

(1)营运业务系统管理

①快递业务信息采集管理

②快递信息监控

③快递营运信息查询

④决策分析

(2)营运业务系统管理缺点

①统计数据失真

②费用分摊不准确

③财务核算不准确

④影响客户的查询

⑤不能对上一环节实行控制

2. 客户关系管理系统

(1)CRM 的概念

(2)CRM 系统的功能构成及在快递市场中的应用

①CRM 系统的功能构成

②CRM 系统在快递业务中的应用

3. 财务结算管理系统

(1)财务结算

①对整个网络的报价体系进行统一管理

②对整个网络费用结算进行自动计算

③录单后,根据客户、快件重量、目的地等因素可自动计算出快件的运费

④对中转费、派件费、车费等费用实行自动计算

⑤代收货款管理

(2)决策分析核算

①运输成本核算

②操作成本核算

③人员工资核算

④其他费用核算

第三节　快递信息安全管理

(一)快递企业面临的安全隐患

1. 物理因素造成的隐患

2. 网络共享造成的隐患

3. 人文环境造成的隐患

(二)信息安全管理的内容

1. 资料保密管理

2. 信息网络安全管理

3. 数据安全管理

(三)信息安全隐患防范策略

1. 技术手段

2. 管理手段

3. 法律手段

第三节　快递业务员(高级)快件处理考试知识要点

本《手册》所列考试知识点是根据国家邮政局职业技能鉴定指导中心组织编写的国家职业技能鉴定培训教程《快递业务员(高级)快件处理》教材对应的章节进行归纳整理。

一、基础理论知识考试要点

与收派基础理论知识点相同。

二、快件处理知识考试要点

第九章　快件接收

第一节　处理中心作业管理

(一)处理中心的作用及功能

快件处理中心是快件传递网络的节点,主要负责快件的分拣、封发、中转任务。

1.处理中心的作用

(1)集散作用

(2)控制作用

(3)协同作用

2.处理中心的功能

(1)快件接收功能

(2)快件分拣功能

(3)快件封发功能

3.处理中心的主要作业区域

(1)接收作业区

(2)快件查验区

(3)快件分拣区

(4)封发作业区

(5)异常处理区

(6)库房

(7)办公区

(8)贵重物品暂存区

(9)总包堆码区

(二)处理中心现场管理

1.整理

2.整顿

3.清扫

4.清洁

5.素养

6.安全

(三)处理中心各类设备的安全使用

1.手动液压搬运车

2.平板手推车

3.手动液压装卸车

4.叉车

5.塑料托盘

6.笼车

7.航空集装器

航空集装器是航空货运时专用的一种容器,是根据机舱大小、形状设计的。主要分为三种类型:小型航空集装器、大型航空集装器和航空集装板。

8.带式输送机

9.交叉带式分拣机

(四)监控技术在快递企业中的应用

快件处理中心每天处理大量的快件,为了防止快件在处理过程中短少、丢失、损毁,应安装监控设备,设备应全天 24 小时运转,监控资料保存时间不得少于 30 天。

(1)每月一次监控设备的除尘、清理。

(2)对监控系统及设备的运行情况进行监控,分析运行情况,及时发现并排除故障。

(3)对容易老化的监控设备部件每月一次进行全面检查。

(4)对长时间工作的监控设备每月定期维护一次。

(五)营运物料的管理

1. 物料管理的一般原则

(1)账目明晰原则

(2)合理申请原则

(3)专人保管原则

2. 总包空袋的管理

(1)对于一次性总包空袋,拆解后作废,不能再次使用,应在确认无遗留快件后及时清理,保持现场整洁,避免对后面的作业班次产生影响。

(2)对于可重复使用的总包袋,应先确认无遗留快件,然后将空包袋叠放整齐,核点登记,交由保管人员存放在专用的物料仓库,以备再用。

第二节　国内总包接收与拆解

(一)总包接收

1. 总包接收验视基本内容

总包接收验视的内容主要包括总包发运路向是否正确;总包规格重量是否符合要求,是否与交接单上的重量一致;袋牌或标签是否有脱落或字迹不清、无法辨别的现象;总包是否有破损或拆动痕迹;总包是否有水湿、油污、出现异味现象等。

2. 总包与系统内信息比对

3. 总包与系统内信息不符情况

(1)路向不符

(2)数量不符

(3)重量不符

4. 总包与信息不符情况的处理

(1)对路向不符情况的处理

(2)对数量不符情况的处理

(3)对重量不符情况的处理

(二)总包卸载

1. 装卸搬运的合理化原则

(1)减少装卸搬运次数

(2)缩短移动距离

(3)作业衔接流畅

(4)实现机械化作业

2. 搬运方法

(1)人力搬运

(2)叉车搬运

(3)输送带传送

(三)航空快件总包接收异常情况的处理

1. 取包少件

2. 取包多件

3. 取包破损

4. 有件无提单

5. 有提单无件

6. 总包单件无详情单

7. 部分落货

8. 航班延误或取消的处理方法

(四)总包拆解异常情况的处理

1. 多件破损的处理原则

(1)及时性原则

(2)责任清晰原则

2. 内件混杂的处理原则

(1)保护客户利益原则

(2)详细记录原则

(五)特殊快件处理方法

1. 优先快件处理方法

2. 保价快件处理方法

3. 自取快件处理方法

4. 更址快件处理方法

5. 撤回快件处理方法

第三节　国际总包接收与拆解

(一)国际快件处理流程

1. 出口国际快件处理流程

(1)处理中心接收业务员收寄的出口快件和各地封发的出口总包。

(2)检查快件规格是否符合要求,相关资料是否齐全。

(3)对快件进行重量复核,对重量有问题快件进行暂存,查明原因后进行处理。

(4)根据航空代码或地址进行分拣,将分拣好的快件建立总包,装车发运,离开处理中心,发往口岸中心。

(5)口岸中心接收各处理中心封发的总包,并向海关发送电子申报数据,进行报关。

(6)海关对快件进行查验,查验无异常放行。

(7)将快件运输至国际转运中心,国际转运中心接收后,分拣、封发往世界各地。

2.进口国际快件处理流程

(1)国际转运中心接收世界各地的快件,分拣、封发,发往口岸中心。

(2)口岸中心接收快件,向海关报关,海关对快件进行查验,无异常放行,发往处理中心。

(3)处理中心接收快件,分拣、封发,进行国内转运或本地派送。

(二)国际快件总包的接收

1.出口国际快件的接收

(1)快件接收

(2)单据接收

(3)特殊快件接收

2.进口国际快件的接收

(1)普通国际总包接收

接收进口国际总包时,应检查总包是否完好,用条码扫描器逐一扫描总包袋牌或标签上的条码,并与信息系统内的信息进行比对。

(2)国际快件单据接收

国际快件单据接收主要是税单的接收,应根据清单逐笔进行勾挑核对。

(3)特殊快件总包接收

对于优先快件、保价快件等特殊快件总包,应单独交接、优先交接,以保证快件的时效和安全。

3.进口国际快件总包接收异常情况的处理

(1)总包短少

(2)总包发运路向不正确

(3)总包有水湿、油污等现象

(4)单据短少

(三)进口国际总包的拆解

(1)发现快件数量短少,应报告作业主管,通知上一环节查找短少的快件。

(2)发现外包装破损的快件应及时进行复重。

(3)发现误发至我国的快件,应尽快将快件转发寄达国家和地区。

(4)快件总包拆解完毕,应将本地派送的快件和需要转发的快件分开。

(5)必须对空包袋进行检查,防止包袋中遗留快件。

(四)国际快件资费计算

1.国际快件重量计算

按快件的实际重量和体积重量两者之中取大者为计费重量。

2.国际快件资费计算

(1)国际快件的收费标准

国际快件总费用=运费+燃油附加费+包装费

(2)国际快件运费的计算

①首重续重计算法

资费＝首重运费＋[计费重量(kg)×2－1]×续重运费

②表格查询法

快递企业大都采用分区收费的方法,按照各个国家的地理位置自行制定收费规则。

第十章　快件分拣

第一节　国内快件的分拣

(一)国内快件的分拣

1.我国的行政区划及快件中转关系

(1)我国的行政区划

目前我国一级行政区划共有34个,其中包括23个省、5个自治区、4个直辖市和2个特别行政区;二级行政区划包括333个地级行政区划(地级市、地区、自治州、盟);三级行政区划包括2 858个县级行政区划(县、自治县、县级市、市辖区、旗)。

(2)快件的中转关系

明确快件的中转关系对于正确分拣至关重要,快件的中转关系与快递企业的快递网络布局,尤其是各级中转中心的设置紧密相关。由于各快递企业的网络不同,其中转关系也不尽相同。

①浙江省快件中转关系

②江苏省快件中转关系

③山东省快件中转关系

2.国内邮政编码

(1)北京市　100000

(2)天津市　300000

(3)河北省

石家庄市　050000　衡水市　053000　邢台市　054000　邯郸市　056000
武安市　056300　沧州市　061000　唐山市　063000　迁安市　064400
廊坊市　065000　秦皇岛市　066000　承德市　067000　保定市　071000
张家口市　075000　遵化市　046200

(4)山西省

太原市　030000　晋中市　030600　吕梁市　033000　忻州市　034000
朔州市　036000　大同市　037000　临汾市　041000　河津市　043300
运城市　044000　阳泉市　045000　长治市　046000　晋城市　048000

(5)内蒙古自治区

呼和浩特市　010000　乌兰察布市　012000　包头市　014000
巴彦淖尔市　015000　乌海市　016000　鄂尔多斯市　017000
准格尔旗　017100　呼伦贝尔市　021000　赤峰市　024000
锡林郭勒盟　026000　通辽市　028000　阿拉善盟　750300
兴安盟　137400

(6)辽宁省

沈阳市 110000　辽阳市 111000　铁岭市 112000　抚顺市 113000
鞍山市 114000　海城市 114200　营口市 115000　大石桥市 115100
大连市 116000　普兰店市 116200　瓦房店市 116300
庄河市 116400　本溪市 117000　丹东市 118000　锦州市 121000
朝阳市 122000　阜新市 123000　盘锦市 124000　葫芦岛市 125000

(7)吉林省

长春市 130000　吉林市 132000　延边朝鲜族自治州 133000
通化市 134000　白山市 134300　四平市 136000
辽源市 136200　白城市 137000　松原市 138000

(8)黑龙江省

哈尔滨市 150000　绥化市 152000　伊春市 153000　佳木斯市 154000
鹤岗市 154100　七台河市 154600　双鸭山市 155100　牡丹江市 157000
鸡西市 158100　齐齐哈尔市 161000　大庆市 163000　黑河市 164300
大兴安岭地区 165000

(9)上海市 200000

(10)江苏省

南京市 210000　仪征市 211400　镇江市 212000　丹阳市 212300
常州市 213000　金坛市 213200　溧阳市 213300　无锡市 214000
宜兴市 214200　江阴市 214400　靖江市 214500　苏州市 215000
吴江市 215200　昆山市 215300　太仓市 215400　常熟市 215500
张家港市 215600　徐州市 221000　铜山县 221100　连云港市 222000
淮安市 223000　宿迁市 223800　盐城市 224000　大丰市 224100
东台市 224200　江都市 225200　泰兴市 225400　扬州市 225000
泰州市 225300　南通市 226000　海门市 226100　启东市 226200
通州市 226300　如东县 226400　海安县 226600

(11)浙江省

杭州市 310000　临安市 311300　富阳市 311400　诸暨市 311800
绍兴市 312000　上虞市 312300　嵊州市 312400　湖州市 313000
长兴县 313100　德清县 313200　嘉兴市 314000　嘉善县 314100
平湖市 314200　海盐县 314300　海宁市 314400　桐乡市 314500
宁波市 315000　慈溪市 315300　余姚市 315400　奉化市 315500
宁海县 315600　象山县 315700　舟山市 316000　临海市 317000
温岭市 317500　玉环县 317600　台州市 318000　金华市 321000
永康市 321300　义乌市 322000　东阳市 322100　丽水市 323000
衢州市 324000　温州市 325000　瑞安市 325200　乐清市 325600
苍南县 325800

(12)安徽省

合肥市　230000　　淮南市　232000　　蚌埠市　233000　　宿州市　234000
淮北市　235000　　亳州市　236000　　阜阳市　236000　　六安市　237000
滁州市　239000　　芜湖市　241000　　宣城市　242000　　马鞍山市　243000
铜陵市　244000　　黄山市　245000　　安庆市　246000　　池州市　247100

(13)福建省

福州市　350000　　长乐市　350200　　福清市　350300　　莆田市　351100
宁德市　352000　　南平市　353000　　厦门市　361000　　泉州市　362000
惠安县　362100　　晋江市　362200　　南安市　362300　　安溪县　362400
石狮市　362700　　漳州市　363000　　龙海市　363100　　龙岩市　364000
三明市　365000

(14)江西省

南昌市　330000　　九江市　332000　　景德镇市　333000　　上饶市　334000
鹰潭市　335000　　宜春市　336000　　萍乡市　337000　　新余市　338000
赣州市　341000　　吉安市　343000　　抚州市　344000

(15)山东省

济南市　250000　　章丘市　250200　　聊城市　252000　　德州市　253000
淄博市　255000　　邹平县　256200　　桓台县　256400　　滨州市　256600
东营市　257000　　潍坊市　261000　　莱州市　261400　　诸城市　262200
寿光市　262700　　烟台市　264000　　威海市　264200　　荣成市　264300
文登市　264400　　乳山市　264500　　招远市　265400　　蓬莱市　265600
龙口市　265700　　青岛市　266000　　即墨市　266200　　胶州市　266300
胶南市　266400　　莱西市　266600　　平度市　266700　　泰安市　271000
莱芜市　271100　　新泰市　271200　　肥城市　271600　　济宁市　272000
兖州市　272100　　曲阜市　273100　　邹城市　273500　　菏泽市　274000
临沂市　276000　　日照市　276800　　枣庄市　277000　　滕州市　277500

(16)河南省

郑州市　450000　　巩义市　451200　　新乡市　453000　　焦作市　454150
济源市　454650　　安阳市　455000　　濮阳市　457000　　鹤壁市　458000
许昌市　461000　　漯河市　462000　　驻马店市　463000　　信阳市　464000
周口市　466000　　平顶山市　467000　　洛阳市　471000　　偃师市　471900
三门峡市　472000　　南阳市　473000　　开封市　475000　　商丘市　476000

(17)湖北省

武汉市　430000　　孝感市　432000　　荆州市　434000　　黄石市　435000
鄂州市　436000　　咸宁市　437000　　黄冈市　438000　　襄阳市　441000
随州市　441300　　十堰市　442000　　宜昌市　443000
恩施土家族苗族自治州　445000　　荆门市　448000

(18)湖南省

长沙市 410000 长沙县 410100 湘潭市 411100 株洲市 412000
益阳市 413000 岳阳市 414000 常德市 415000
湘西土家族苗族自治州 416000 娄底市 417000 怀化市 418000
衡阳市 421000 邵阳市 422000 郴州市 423000 永州市 425000
张家界市 427000

(19)广东省

广州市 510000 增城市 511300 清远市 511500 韶关市 512000
梅州市 514000 汕头市 515000 惠州市 516000 汕尾市 516600
河源市 517000 深圳市 518000 珠海市 519000 潮州市 521000
揭阳市 522000 东莞市 523000 湛江市 524000 茂名市 525000
肇庆市 526000 高要市 526100 云浮市 527300 佛山市 528000
中山市 528400 江门市 529000 开平市 529300 阳江市 529500

(20)广西壮族自治区

南宁市 530000 崇左市 532200 百色市 533000 钦州市 535000
北海市 536000 贵港市 537000 玉林市 537000 防城港市 538000
桂林市 541000 贺州市 542800 梧州市 543000 柳州市 545000
来宾市 546100 河池市 547000

(21)海南省

海口市 570100 三亚市 572000 三沙市 573199

(22)重庆市 400000

(23)四川省

成都市 610000 双流县 610200 乐山市 614000 凉山彝族自治州 615000
攀枝花市 617000 德阳市 618000 眉山市 620000 绵阳市 621000
阿坝藏族羌族自治州 624000 雅安市 625000 甘孜藏族自治州 626000
广元市 628000 遂宁市 629000 达州市 635000 巴中市 636600
南充市 637000 广安市 638500 内江市 641000 资阳市 641300
自贡市 643000 宜宾市 644000 泸州市 646000

(24)贵州省

贵阳市 550000 毕节地区 551700 六盘水市 553000 铜仁地区 554300
黔东南苗族侗族自治州 556000 黔南布依族苗族自治州 558000
安顺市 561000 黔西南布依族苗族自治州 562400 遵义市 563000

(25)云南省

昆明市 650000 玉溪市 653100 曲靖市 655000 昭通市 657000
红河哈尼族彝族自治州 661400 文山壮族苗族自治州 663000
普洱市 665000 西双版纳傣族自治州 666100 大理白族自治州 671000
怒江傈僳族自治州 673100 丽江市 674100 迪庆藏族自治州 674400
楚雄彝族自治州 675000 临沧市 677000 保山市 678000
德宏傣族景颇族自治州 678400

(26)西藏自治区

拉萨市　850000　　那曲地区　852000　　昌都地区　854000　　山南地区　856000
日喀则地区　857000　　阿里地区　859000　　林芝地区　860000

(27)陕西省

西安市　710000　　咸阳市　712000　　渭南市　714000　　延安市　716000
榆林市　719000　　宝鸡市　721000　　汉中市　723000　　安康市　725000
商洛市　726000　　铜川市　727000

(28)甘肃省

兰州市　730000　　白银市　730900　　临夏回族自治州　731100
武威市　733000　　张掖市　734000　　酒泉市　735000　　嘉峪关市　735100
金昌市　737100　　天水市　741000　　陇南市　742500　　定西市　743000
平凉市　744000　　庆阳市　745000　　甘南藏族自治州　747000

(29)青海省

西宁市　810000　　海东地区　810600　　黄南藏族自治州　811300
海北藏族自治州　812200　　海南藏族自治州　813000
果洛藏族自治州　814000　　玉树藏族自治州　815000
海西蒙古族藏族自治州　817000

(30)宁夏回族自治区

银川市　750000　　吴忠市　751100　　石嘴山市　753000　　中卫市　755000
固原市　756000

(31)新疆维吾尔自治区

乌鲁木齐市　830000　　昌吉回族自治州　831100　　博尔塔拉蒙古自治州　833400
克拉玛依市　834000　　塔城地区　834700　　伊犁哈萨克自治州　835000
阿勒泰地区　836500　　吐鲁番地区　838000　　哈密地区　839000
巴音郭楞蒙古自治州　841000　　阿克苏地区　843000　　喀什地区　844000
克孜勒苏柯尔克孜自治州　845350　　和田地区　848000

3.国内地级以上城市的电话区号

(1)北京市　010

(2)天津市　022

(3)河北省

石家庄市　0311　　保定市　0312　　张家口市　0313　　承德市　0314
唐山市　0315　　廊坊市　0316　　沧州市　0317　　衡水市　0318
邢台市　0319　　秦皇岛市　0335　　邯郸市　0310

(4)山西省

太原市　0351　大同市　0352　阳泉市　0353　晋中市　0354
长治市　0355　晋城市　0356　临汾市　0357　吕梁市　0358
运城市　0359　朔州市　0349　忻州市　0350

(5)内蒙古自治区

呼和浩特市 0471 包头市 0472 乌海市 0473 乌兰察布市 0474
通辽市 0475 赤峰市 0476 鄂尔多斯市 0477 巴彦淖尔市 0478
锡林郭勒盟 0479 兴安盟 0482 阿拉善盟 0483 呼伦贝尔市 0470

(6)辽宁省

沈阳市 024 抚顺市 024 铁岭市 024 大连市 0411
鞍山市 0412 本溪市 0414 丹东市 0415 锦州市 0416
营口市 0417 阜新市 0418 辽阳市 0419 朝阳市 0421
盘锦市 0427 葫芦岛市 0429

(7)吉林省

长春市 0431 吉林市 0432 延边朝鲜族自治州 0433
四平市 0434 通化市 0435 白城市 0436 辽源市 0437
松原市 0438 白山市 0439

(8)黑龙江省

哈尔滨市 0451 齐齐哈尔市 0452 牡丹江市 0453 佳木斯市 0454
绥化市 0455 黑河市 0456 大兴安岭地区 0457 伊春市 0458
大庆市 0459 七台河市 0464 鸡西市 0467 鹤岗市 0468
双鸭山市 0469

(9)上海市 021

(10)江苏省

南京市 025 无锡市 0510 镇江市 0511 苏州市 0512
南通市 0513 扬州市 0514 盐城市 0515 徐州市 0516
淮安市 0517 连云港市 0518 常州市 0519 泰州市 0523
宿迁市 0527

(11)浙江省

杭州市 0571 湖州市 0572 嘉兴市 0573 宁波市 0574
绍兴市 0575 台州市 0576 温州市 0577 丽水市 0578
金华市 0579 舟山市 0580 衢州市 0570

(12)安徽省

合肥市 0551 蚌埠市 0552 芜湖市 0553 淮南市 0554
马鞍山市 0555 安庆市 0556 宿州市 0557 亳州市 0558
阜阳市 0558 黄山市 0559 淮北市 0561 铜陵市 0562
宣城市 0563 六安市 0564 池州市 0566 滁州市 0550

(13)福建省

福州市 0591 厦门市 0592 宁德市 0593 莆田市 0594
泉州市 0595 漳州市 0596 龙岩市 0597 三明市 0598
南平市 0599

(14)江西省

南昌市　0791　　九江市　0792　　上饶市　0793　　抚州市　0794
宜春市　0795　　吉安市　0796　　赣州市　0797　　景德镇市　0798
萍乡市　0799　　新余市　0790　　鹰潭市　0701

(15)山东省

济南市　0531　　青岛市　0532　　淄博市　0533　　德州市　0534
烟台市　0535　　潍坊市　0536　　济宁市　0537　　泰安市　0538
临沂市　0539　　滨州市　0543　　东营市　0546　　威海市　0631
枣庄市　0632　　日照市　0633　　莱芜市　0634　　聊城市　0635
菏泽市　0530

(16)河南省

郑州市　0371　　安阳市　0372　　新乡市　0373　　许昌市　0374
平顶山市　0375　　信阳市　0376　　南阳市　0377　　开封市　0378
洛阳市　0379　　济源市　0391　　焦作市　0391　　鹤壁市　0392
濮阳市　0393　　周口市　0394　　漯河市　0395　　驻马店市　0396
三门峡市　0398　　商丘市　0370

(17)湖北省

武汉市　027　　襄樊市　0710　　鄂州市　0711　　孝感市　0712
黄冈市　0713　　黄石市　0714　　咸宁市　0715　　荆州市　0716
宜昌市　0717　　恩施土家族苗族自治州　0718　　十堰市　0719
随州市　0722　　荆门市　0724

(18)湖南省

长沙市　0731　　株洲市　0731　　湘潭市　0731　　衡阳市　0734
郴州市　0735　　常德市　0736　　益阳市　0737　　娄底市　0738
邵阳市　0739　　湘西土家族苗族自治州　0743　　张家界市　0744
怀化市　0745　　永州市　0746　　岳阳市　0730

(19)广东省

广州市　020　　汕尾市　0660　　阳江市　0662　　揭阳市　0663
茂名市　0668　　江门市　0750　　韶关市　0751　　惠州市　0752
梅州市　0753　　汕头市　0754　　深圳市　0755　　珠海市　0756
佛山市　0757　　肇庆市　0758　　湛江市　0759　　中山市　0760
河源市　0762　　清远市　0763　　云浮市　0766　　潮州市　0768
东莞市　0769

(20)广西壮族自治区

南宁市　0771　　崇左市　0771　　柳州市　0772　　来宾市　0772
桂林市　0773　　梧州市　0774　　贺州市　0774　　玉林市　0775
贵港市　0775　　百色市　0776　　钦州市　0777　　河池市　0778
北海市　0779　　防城港市　0770

(21)海南省

海口市　0898　　三亚市　0898　　三沙市　0898

(22)重庆市　023

(23)四川省

成都市　028　　眉山市　028　　资阳市　028　　攀枝花市　0812

自贡市　0813　　绵阳市　0816　　南充市　0817　　达州市　0818

遂宁市　0825　　广安市　0826　　巴中市　0827　　泸州市　0830

宜宾市　0831　　内江市　0832　　乐山市　0833　　凉山彝族自治州　0834

雅安市　0835　　甘孜藏族自治州　0836　　阿坝藏族羌族自治州　0837

德阳市　0838　　广元市　0839

(24)贵州省

贵阳市　0851　　遵义市　0852　　安顺市　0853　　黔南布依族苗族自治州　0854

黔东南苗族侗族自治州　0855　　铜仁地区　0856　　毕节地区　0857

六盘水市　0858　　黔西南布依族苗族自治州　0859

(25)云南省

昆明市　0871　　大理白族自治州　0872　　红河哈尼族彝族自治州　0873

曲靖市　0874　　保山市　0875　　文山壮族苗族自治州　0876　　玉溪市　0877

楚雄彝族自治州　0878　　普洱市　0879　　临沧市　0883

怒江傈僳族自治州　0886　　迪庆藏族自治州　0887　　丽江市　0888

西双版纳傣族自治州　0691　　德宏傣族景颇族自治州　0692　　昭通市　0870

(26)西藏自治区

拉萨市　0891　　日喀则地区　0892　　山南地区　0893　　林芝地区　0894

昌都地区　0895　　那曲地区　0896　　阿里地区　0897

(27)陕西省

西安市　029　　咸阳市　029　　延安市　0911　　榆林市　0912

渭南市　0913　　商洛市　0914　　安康市　0915　　汉中市　0916

宝鸡市　0917　　铜川市　0919

(28)甘肃省

兰州市　0931　　定西市　0932　　平凉市　0933　　庆阳市　0934

武威市　0935　　金昌市　0935　　张掖市　0936　　嘉峪关市　0937

酒泉市　0937　　天水市　0938　　陇南市　0939　　甘南藏族自治州　0941

白银市　0943　　临夏回族自治州　0930

(29)青海省

西宁市　0971　　海东地区　0972　　黄南藏族自治州　0973

海南藏族自治州　0974　　果洛藏族自治州　0975　　玉树藏族自治州　0976

海西蒙古族藏族自治州　0979　　海北藏族自治州　0970

(30)宁夏回族自治区

银川市　0951　　石嘴山市　0952　　吴忠市　0953　　固原市　0954　　中卫市　0955

(31)新疆维吾尔自治区

乌鲁木齐市 0991 塔城地区 0901 哈密地区 0902 和田地区 0903
阿勒泰地区 0906 克孜勒苏柯尔克孜自治州 0908
博尔塔拉蒙古自治州 0909 克拉玛依市 0990
昌吉回族自治州 0994 吐鲁番地区 0995
巴音郭楞蒙古自治州 0996 阿克苏地区 0997
喀什地区 0998 伊犁哈萨克自治州 0999

4. 我国部分城市及机场的航空代码(表10)

我国部分城市及机场的航空代码 表10

城市名称	航空代码	机场名称	所属省份
包头市	BAV	海兰泡机场	内蒙古
广州市	CAN	白云国际机场	广东
郑州市	CGO	新郑国际机场	河南
长春市	CGQ	龙嘉国际机场	吉林
重庆市	CKG	江北国际机场	重庆
长沙市	CSX	黄花国际机场	湖南
成都市	CTU	双流国际机场	四川
大连市	DLC	周水子国际机场	辽宁
福州市	FOC	长乐国际机场	福建
海口市	HAK	美兰国际机场	海南
呼和浩特市	HET	白塔机场	内蒙古
合肥市	HFE	骆岗机场	安徽
杭州市	HGH	萧山国际机场	浙江
哈尔滨市	HRB	太平国际机场	黑龙江
银川市	INC	河东机场	宁夏
吉林市	JIL	二台子机场	吉林
南昌市	KHN	昌北机场	江西
昆明市	KMG	巫家坝国际机场	云南
贵阳市	KWE	龙洞堡机场	贵州
兰州市	LHW	中川机场	甘肃
拉萨市	LXA	贡嘎机场	西藏
宁波市	NGB	栎社机场	浙江
南京市	NKG	禄口国际机场	江苏
南宁市	NNG	吴圩机场	广西

续上表

城市名称	航空代码	机场名称	所属省份
北京市	PEK	首都国际机场	北京
上海市	PVG	浦东国际机场	上海
上海市	SHA	虹桥国际机场	上海
沈阳市	SHE	桃仙机场	辽宁
石家庄市	SJW	正定机场	河北
三亚市	SYX	凤凰国际机场	海南
深圳市	SZX	宝安国际机场	广东
青岛市	TAO	流亭国际机场	山东
济南市	TNA	遥墙国际机场	山东
天津市	TSN	滨海国际机场	天津
太原市	TYN	武宿机场	山西
乌鲁木齐市	URC	地窝堡国际机场	新疆
潍坊市	WEF	潍坊南苑机场	山东
温州市	WNZ	永强机场	浙江
武汉市	WUH	天河国际机场	湖北
西安市	XIY	咸阳国际机场	陕西
厦门市	XMN	高崎国际机场	福建
西宁市	XNN	曹家堡机场	青海
徐州市	XUZ	观音机场	江苏
义乌市	YIW	义乌机场	浙江
珠海市	ZUH	三灶机场	广东
香港特别行政区	HKG	香港国际机场	香港特别行政区
澳门特别行政区	MFM	澳门国际机场	澳门特别行政区
台北市	TPE	桃园国际机场	台湾

(二)国内快件分拣后的复核

1. 快件复核的方法

(1)按照操作方法分类:人工复核和系统比对

(2)按照工作环节分类:专职复核、相互复核和环环复核

2. 国内快件复核的具体内容

(1)路向复核

(2)规格复核

(3)种类复核

(4)一票多件复核

3.国内快件复核时常见的几种问题

(1)收件人地址模糊不清,导致分拣错误

(2)收件人地址相近或相似,导致分拣错误

(3)一票多件快件漏件

第二节　国际快件的分拣

(一)国际快递服务

国际快递是指寄件地和收件地分别在中华人民共和国境内和其他国家或地区(中国香港特别行政区、中国澳门特别行政区、中国台湾地区除外)的快递业务,以及其他国家或地区间用户相互寄递但通过中国境内经转的快递业务。

1.国际快件传递网络

目前国际快件传递网络主要采用国际转运中心和口岸中心模式。国际转运中心(Hub)的主要职能是面向其他目的地(或下一个转运中心)进行国际快件中转,次要职能是针对本地的国际快件进行清关;口岸中心(Gateway)的主要职能是针对本地的国际快件进行清关,次要职能是面向下一个转运中心进行国际快件中转。

(1)我国的国际航线

①我国五大出口贸易航线:中美线、中日线、中德线、中英线和中法线。

②我国五大进口贸易航线:美国发往中国大陆、德国发往中国大陆、中国香港发往中国大陆、日本发往中国大陆和中国台湾发往中国大陆。

(2)主要国际机场(表11)

主要国际机场　　表11

国际机场(中文名称)	国际机场(英文名称)	航空代码	所属国家
奥克兰国际机场	Auckland Airport	AKL	新西兰
北京首都国际机场	Beijing Capital International Airport	PEK	中国
开罗国际机场	Cairo International Airport	CAI	埃及
辛辛那提国际机场	Cincinnati International Airport	CVG	美国
德里国际机场	Delhi International Airport	DEL	印度
迪拜国际机场	Dubai International Airport	DXB	阿拉伯联合酋长国
法兰克福国际机场	Frankfurt International Airport	FRA	德国
日内瓦国际机场	Geneva International Airport	GVA	瑞士
广州白云国际机场	GuangZhong BaiYun Airport	CAN	中国
香港国际机场	Hongkong International Airport	HKG	中国

续上表

国际机场(中文名称)	国际机场(英文名称)	航空代码	所属国家
仁川国际机场	Incheon International Airport	ICN	韩国
吉隆坡国际机场	Kuala Lumpur International Airport	KUL	马来西亚
伦敦希思罗国际机场	London Heathrow International Airport	LHR	英国
莫斯科谢列梅捷沃国际机场	Moscow Sheremetyevo Airport	SVO	俄罗斯
孟菲斯国际机场	Memphis International Airport	MEM	美国
布宜诺斯艾利斯埃塞萨国际机场	Ministro Pistarini International Airport	EZE	阿根廷
东京成田国际机场	Narita International Airport	NRT	日本
纽约约翰·菲茨杰拉德·肯尼迪国际机场	New York John Fitzgerald Kennedy International Airport	JFK	美国
大阪关西国际机场	Kansai International Airport	KIX	日本
巴黎夏尔·戴高乐国际机场	Paris Charles · Charles de Gaulle International Airport	CDG	法国
里约热内卢国际机场	Rio de Janeiro International Airport	GIG	巴西
罗马钱皮诺国际机场	Rome Ciampino Airport	CIA	意大利
上海浦东国际机场	Shanghai Pudong International Airport	PVG	中国
新加坡樟宜国际机场	Singapore Changi Airport	SIN	新加坡
悉尼金斯福德·史密斯国际机场	Sydney Kingsford Smith International Airport	SYD	澳大利亚
台北桃园国际机场	Taiwan Taoyuan International Airport	TPE	中国

2. 国际快件的清关

(1)口岸中心作业

①对于进境快件的处理

a. 国际转运中心发舱单(电子数据)。

b. 口岸 EDI 组接收舱单,翻译成中文信息,按照中国海关要求,将快件分成 A、B、C、D 四类。A、B 类快件直接打印出报关单;C、D 类货物进海关监管仓滞留(C 类货物联系客户,按客户要求清关;D 类货物联系客户,提供相关单据,向海关正式申报)。

c. 海关抽样查验(在报关单上勾出)。快件到达口岸中心后,处理人员扫描快件时,根据扫描枪提示,将海关要求查验的快件取出,单独放置,送海关查验。

d. C、D 类货物如需动植物检疫或商检,应先进行动植物检疫或商检,然后再报关。

e. 海关查验放行的快件,可以进行分拣。注意分拣时快件和相关发票应匹配。

f. 如有关税、贴签费、海关监管库仓储费,还需将相关金额录入快递信息管理系统,作为派送员收款依据。

②对于出境快件的处理

a. 处理中心将收件信息制成舱单。

b. 口岸中心接收舱单(EDI 信息),翻译成中文信息,按照海关要求,制作报关单,向海关申报。

c. 快件分成三类:A 类(文件类)按 KJ1 申报;B 类(低价值包裹)按 KJ2 申报;D 类(货物类)逐票正式申报。

d. 海关抽样查验(在报关单上勾出)。快件到达口岸中心后,处理人员扫描快件时,根据扫描枪提示,将海关要求查验的快件取出,单独放置,送海关查验。

e. 海关查验放行。

f. 快件上 X 光机进行安检。

g. 处理人员逐票扫描,装航空集装器,上飞机运往国际转运中心。

(2)代理报关及报检

①代理报关

快递企业相关部门应根据海关有关规定向当地海关申请代理报关资格,办理代理报关业务。快递企业办理代理报关服务可收取代理报关服务费。

②代理报检

快递企业应按有关规定向检验检疫机构办理报检手续,凭检验检疫机构签发的通关单向海关办理报关。快递企业在申请办理出入境快件报检时,应提供报检单、总运单、每一快件的分运单、发票等有关单证。

(3)清关中的异常情况及处理

①申报异常情况

②报检异常情况

③查验异常情况

④异常情况的处理

(4)主要国家(地区)海关清关须知

①欧盟

a. 进口

(a)进口申报。

(b)申报和受理时限。

(c)单证要求。

(d)缴纳税费。

(e)验放。

b. 出口

(a)出口报关应提交的单证和文件。

(b)审单。

(c)验放。

②美国

③日本

④俄罗斯

(二)国际出口快件的分拣

1. 世界主要国家(地区)英文名称、缩写、邮政编码格式及电话区号(表12)

表12

所在大洲	国　家	英文缩写	首　都	国际电话区号	邮政编码格式
亚洲	阿富汗 The Islamic Republic of Afghanistan(Afghanistan)	AF	喀布尔 Kabul	93	无
	巴林 The Kingdom of Bahrain(Bahrain)	BH	麦纳麦 Manama	973	××× 或××××××
	孟加拉国 People's Republic of Bangladesh (Bangladesh)	BD	达卡 Dhaka	880	××××
	缅甸 Union of Myanmar	MM	内比都 Naypyitaw	95	无
	中国 The People's Republic of China (China)	CN	北京 Beijing(Peking)	86	××××××
	印度 Republic of India(India)	IN	新德里 New Delhi	91	××××××
	印度尼西亚 The Republic of Indonesia (Indonesia)	ID	雅加达 Jakarta	62	×××××
	伊朗 The Islamic Republic of Iran(Iran)	IR	德黑兰 Tehran	98	无
	伊拉克 Republic of Iraq(Iraq)	IQ	巴格达 Baghdad	964	×××××
	以色列 State of Israel	IL	耶路撒冷 Jerusalem	972	×××××
	日本 Japan	JP	东京 Tokyo	81	×××－××××××

续上表

所在大洲	国　　家	英文缩写	首　　都	国际电话区号	邮政编码格式
亚洲	约旦 The Hashemite Kingdom of Jordan (Jordan)	JO	安曼 Amman	962	××××××
	柬埔寨 Kingdom of Cambodia(Cambodia)	KH	金边 Phnom Penh	855	××××××
	韩国 Republic of Korea(Korea)	KR	首尔 Seoul	82	×××－×××
	科威特 The State of Kuwait(Kuwait)	KW	科威特城 Kuwait City	965	无
	老挝 Lao People's Democratic Republic	LA	万象 Vientiane	856	××××××
	黎巴嫩 The Republic of Lebanon(Lebanon)	LB	贝鲁特 Beirut	961	×××× ××××
	马来西亚 Malaysia	MY	吉隆坡 Kuala Lumpur	60	××××××
	蒙古 Mongolia	MN	乌兰巴托 Ulaanbaatar	976	××××××
	尼泊尔 Federal Democratic Republic of Nepal(Nepal)	NP	加德满都 Kathmandu	977	××××××
	朝鲜 The Democratic People's Republic of Korea	KP	平壤 Pyongyang	850	无
	阿曼 The Sultanate of Oman(Oman)	OM	马斯喀特 Muscat	968	×××
	巴基斯坦 Islamic Republic of Pakistan (Pakistan)	PK	伊斯兰堡 Islamabad	92	××××××
	菲律宾 Republic of the Philippines (Philippines)	PH	马尼拉 Manila	63	××××

续上表

所在大洲	国　　家	英文缩写	首　　都	国际电话区号	邮政编码格式
亚洲	卡塔尔 State of Qatar	QA	多哈 Doha	974	无
	沙特阿拉伯 Kingdom of Saudi Arabia	SA	利雅得 Riyadh	966	无
	新加坡 Republic of Singapore(Singapore)	SG	新加坡 Singapore	65	××××××
	斯里兰卡 The Democratic Socialist Republic of Sri Lanka(Sri Lanka)	LK	科伦坡 Colombo	94	×××××
	叙利亚 Syrian Arab Republic	SY	大马士革 Damascus	963	无
	泰国 Kingdom of Thailand(Thailand)	TH	曼谷 Bangkok	66	×××××
	阿拉伯联合酋长国 United Arab Emirates	AE	阿布扎比 Abu Dhabi	971	无
	越南 Socialist Republic of Vietnam (Vietnam)	VN	河内 Hanoi	84	××××××
欧洲	亚美尼亚 The Republic of Armenia(Armenia)	AM	埃里温 Erivan	374	××××
	奥地利 The Republic of Austria(Austria)	AT	维也纳 Vienna	43	××××
	阿塞拜疆 The Republic of Azerbaijan (Azerbaijan)	AZ	巴库 Baku	994	AZ××××
	白俄罗斯 The Republic of Belarus(Belarus)	BY	明斯克 Minsk	375	××××××
	比利时 The Kingdom of Belgium(Belgium)	BE	布鲁塞尔 Brussels	32	B—××××
	保加利亚 The Republic of Bulgaria(Bulgaria)	BG	索非亚 Sofia	359	××××

续上表

所在大洲	国　家	英文缩写	首　都	国际电话区号	邮政编码格式
欧洲	捷克 Czech Republic(Czech)	CZ	布拉格 Prague	420	××× ××
	丹麦 The Kingdom of Denmark (Denmark)	DK	哥本哈根 Copenhagen	45	××××
	爱沙尼亚 The Republic of Estonia(Estonia)	EE	塔林 Tallinn	372	×××××
	芬兰 The Republic of Finland (Finland)	FI	赫尔辛基 Helsinki	358	FIN－×××××
	法国 The Republic of France(France)	FR	巴黎 Paris	33	×××××
	德国 The Federal Republic of Germany (Germany)	DE	柏林 Berlin	49	×××××
	希腊 The Hellenic Republic(Greece)	GR	雅典 Athens	30	GR－×××××
	匈牙利 Hungary	HU	布达佩斯 Budapest	36	H－×××
	冰岛 The Republic of Iceland(Iceland)	IS	雷克雅未克 Reykjavik	354	×××
	爱尔兰 the Republic of Ireland (Ireland)	IE	都柏林 Dublin	353	无
	意大利 The Republic of Italy(Italy)	IT	罗马 Rome	39	×××××
	拉脱维亚 Latvia	LV	里加 Riga	371	××××
	立陶宛 The Republic of Lithuania (Lithuania)	LT	维尔纽斯 Vilnius	370	LT×××××
	卢森堡 Luxembourg	LU	卢森堡 Luxembourg	352	××××

续上表

所在大洲	国　家	英文缩写	首　都	国际电话区号	邮政编码格式
欧洲	摩纳哥 The Principality of Monaco (Monaco)	MC	摩纳哥 Monaco	377	×××××
	荷兰 The Kingdom of Netherlands (Netherlands)	NL	阿姆斯特丹 Amsterdam	31	×××××AA
	挪威 The Kingdom of Norway(Norway)	NO	奥斯陆 Oslo	47	NO—××××
	波兰 The Republic of Poland(Poland)	PL	华沙 Warsaw	48	××××××—×××
	葡萄牙 the Portuguese Republic(Portugal)	PT	里斯本 Lisbon	351	××××—×××
	罗马尼亚 Romania	RO	布加勒斯特 Bucharest	40	××××××
	俄罗斯 the Russian Federation(Russia)	RU	莫斯科 Moscow	7	××××××
	斯洛伐克 Slovak Republic(Slovak)	SK	布拉迪斯拉发 Bratislava	421	××× ××
	斯洛文尼亚 The Republic of Slovenia(Slovenia)	SL	卢布尔雅那 Ljubljana	386	SL××××
	西班牙 The Kingdom of Spain (Spain)	ES	马德里 Madrid	34	×××××
	瑞典 The Kingdom of Sweden(Sweden)	SE	斯德哥尔摩 Stockholm	46	SE—×××××
	瑞士 Swiss Confederation(Switzerland)	CH	伯尔尼 Bern	41	××××
	土耳其 The Republic of Turkey(Turkey)	TR	安卡拉 Ankara	90	TR—×××××
	乌克兰 Ukraine	UA	基辅 Kiev	380	×××××
	英国 United Kingdom(England)	GB	伦敦 London	44	多种格式

续上表

所在大洲	国　家	英文缩写	首　都	国际电话区号	邮政编码格式
北美洲	加拿大 Canada	CA	渥太华 Ottawa	1	A×A　×A×
	哥斯达黎加 Republic of Costa Rica	CR	圣何塞 San Jose	506	×××××
	古巴 The Republic of Cuba(Cuba)	CU	哈瓦那 La Habana	53	CP××××
	危地马拉 The Republic of Guatemala (Guatemala)	GU	危地马拉城 Guatemala City	502	×××××
	海地 The Republic of Haiti(Haiti)	HT	太子港 Port-au-Prince	509	HT××××
	洪都拉斯 The Republic of Honduras (Honduras)	HN	特古西加尔巴 Tegucigalpa	504	AA××××
	牙买加 Jamaica	JM	金斯敦 Kingston	1876	JMAAA××
	墨西哥 The United Mexican States	MX	墨西哥城 Mexico City	52	×××××
	尼加拉瓜 The Republic of Nicaragua (Nicaragua)	NI	马那瓜 Managua	505	无
	巴拿马 The Republic of Panama(Panama)	PA	巴拿马城 Panama City	507	无
	波多黎各 The Commonwealth of Puerto Rico	PR	圣胡安 San Juan	1787	AA×××××
	特立尼达和多巴哥 Republic of Trinidad and Tobago	TT	西班牙港 Port of Spain	1868	无
	美国 United States of America	US	华盛顿、哥伦比亚特区 Washington D. C	1	×××××－××××

续上表

所在大洲	国家	英文缩写	首都	国际电话区号	邮政编码格式
南美洲	阿根廷 The Republic of Argentina (Argentina)	AR	布宜诺斯艾利斯 Buenos Aires	54	××××
	玻利维亚 Bolivia	BO	苏克雷 Sucre	591	无
	巴西 The Federative Republic of Brazil (Brazil)	BR	巴西利亚 Brasilia	55	×××××
	智利 Republic of Chile (Chile)	CL	圣地亚哥 Santiago	56	无
	哥伦比亚 The Republic of Colombia (Colombia)	CO	波哥大 Bogota	57	无
	厄瓜多尔 The Republic of Ecuador(Ecuador)	EC	基多 Quito	593	无
	巴拉圭 The Republic of Paraguay (Paraguay)	PY	亚松森 Asuncion	595	无
	秘鲁 The Republic of Peru(Peru)	PE	利马 Lima	51	无
	乌拉圭 The Oriental Republic of Uruguay (Uruguay)	UY	蒙得维的亚 Montevideo	598	无
	委内瑞拉 Bolivarian Republic of Venezuela (Venezuela)	VE	加拉加斯 Caracas	58	无

续上表

所在大洲	国　　家	英文缩写	首　　都	国际电话区号	邮政编码格式
非洲	阿尔及利亚 People's Democratic Republic of Algeria(Algeria)	DZ	阿尔及尔 Alger	213	×××××
	安哥拉 The Republic of Angola(Angola)	AO	罗安达 Luanda	244	无
	喀麦隆 Republic of Cameroon(Cameroon)	CM	雅温得 Yaounde	237	无
	埃及 The Arab Republic of Egypt (Egypt)	EG	开罗 Cairo	20	无
	埃塞俄比亚 The Federal Democratic Republic of Ethiopia	ET	亚的斯亚贝巴 Addis Ababa	251	无
	加纳 Republic of Ghana (Ghana)	GH	阿克拉 Accra	233	无
	肯尼亚 The Republic of Kenya(Kenya)	KE	内罗毕 Nairobi	254	无
	利比亚 Libya	LY	的黎波里 Tripoli	218	无
	马达加斯加 Madagascar	MG	塔那那利佛 Antananarivo	261	×××
	摩洛哥 The Kingdom of Morocco (Morocco)	MA	拉巴特 Rabat	212	×××××
	莫桑比克 The Republic of Mozambique (Mozambique)	MZ	马普托 Maputo	258	无
	纳米比亚 The Republic of Namibia (Namibia)	NA	温得和克 Windhoek	264	无

续上表

所在大洲	国　家	英文缩写	首　都	国际电话区号	邮政编码格式
非洲	尼日利亚 Federal Republic of Nigeria (Nigeria)	NG	阿布贾 Abuja	234	无
	塞内加尔 the Republic of Senegal(Senegal)	SN	达喀尔 Dakar	221	无
	索马里 The Somalia Democratic Republic (Somalia)	SO	摩加迪沙 Mogadishu	252	无
	南非 The Republic of South Africa (South Africa)	ZA	开普敦 Cape Town	27	××××
	苏丹 The Republic of Sudan (Sudan)	SD	喀土穆 Khartoum	249	无
	南苏丹 Republic of South Sudan	SS	拉姆塞尔 Ramciel	211	无
	坦桑尼亚 The United Republic of Tanzania	TZ	多多玛 Dodoma	255	无
	多哥 The Republic of Togo(Togo)	TG	洛美 Lome	228	无
	突尼斯 The Republic of Tunisia(Tunisia)	TN	突尼斯市 Tunis	216	××××
	赞比亚 The Republic of Zambia(Zambia)	ZM	卢萨卡 Lusaka	260	无
大洋洲	澳大利亚 The Commonwealth of Australia (Australia)	AU	堪培拉 Canberra	61	××××
	新西兰 New Zealand	NZ	惠灵顿 Wellington	64	××××
	汤加 The Kingdom of Tonga(Tonga)	TO	努库阿洛法 Nukualofa	676	无

注:×表示任一阿拉伯数字;A表示任一英文字母。

2. 亚洲主要国家概述

(1)日本主要城市的英文名称、邮政编码和航空代码(表 13)

表 13

主要城市	英文名称	邮政编码示例	航空代码
东京	Tokyo	150—0000	NRT
大阪	Osaka	540—8570	KIX
横滨	Yokohama	222—0033	YOK
名古屋	Nagoya	450—0002	NGO
仙台	Sendai	980—0001	SDJ

(2)韩国主要城市的英文名称、邮政编码和航空代码(表 14)

表 14

主要城市	英文名称	邮政编码示例	航空代码
首尔	Seoul	100—000	SEL
仁川	Incheon	407—705	ICN
釜山	Busan	612—022	PUS

(3)新加坡的英文名称、邮政编码和航空代码

新加坡是亚洲最重要的金融、服务和航运中心之一，是东南亚地区联系欧洲、美洲、大洋洲的航空中心。新加坡樟宜国际机场(Singapore Changi Airport，航空代码:SIN)是世界上最繁忙的机场之一，也是东南亚地区航空枢纽。新加坡邮政编码包含 6 个数字，前两位是投递区码，后四位代表投递点。

(4)印度主要城市的英文名称、邮政编码和航空代码(表 15)

表 15

主要城市	英文名称	邮政编码示例	航空代码
新德里	New Delhi	110042	DEL
班加罗尔	Bangalore	560078	BLR
孟买	Mumba	400000	BOM

(5)阿拉伯联合酋长国主要城市的英文名称、邮政编码和航空代码(表 16)

表 16

主要城市	英文名称	邮政编码示例	航空代码
阿布扎比	Abu Dhabi	无	AUH
迪拜	Dubai	无	DXB

3. 欧洲主要国家概述

(1)德国主要城市的英文名称、邮政编码和航空代码(表 17)

表 17

主要城市	英文名称	邮政编码示例	航空代码
柏林	Berlin	10623	BER
法兰克福	Frankfurt	60326	FRA
莱比锡	Leipzig	04024	LET
慕尼黑	Munich	82234	MUC
斯图加特	Stuttgart	70182	STR

(2)法国主要城市的英文名称、邮政编码和航空代码(表 18)

表 18

主要城市	英文名称	邮政编码示例	航空代码
巴黎	Paris	75000	CDG
波尔多	Bordeaux	33000	BOD
里昂	Lyon	69000	LYS
马赛	Marseille	13000	MRS

(3)英国主要城市的英文名称、邮政编码和航空代码(表 19)

表 19

主要城市	英文名称	邮政编码示例	航空代码
伦敦	London	RG6 4UT	LHR
伯明翰	Birmingham	B42 2SU	BHX
利物浦	Liverpool	L69 3BX	LPL
曼彻斯特	Manchester	M13 9PL	MAN

(4)俄罗斯主要城市的英文名称、邮政编码和航空代码(表 20)

表 20

主要城市	英文名称	邮政编码示例	航空代码
莫斯科	Moscow	125190	SVO
新西伯利亚	Novosibirsk	630000	OVB
圣彼德堡	St. Petersburg	190000	LED
叶卡特琳堡	Yekaterinburg	620000	SVX

(5)意大利主要城市的英文名称、邮政编码和航空代码(表 21)

表 21

主 要 城 市	英 文 名 称	邮政编码示例	航 空 代 码
罗马	Rome	00133	ROM
米兰	Milan	21200	MIL
都灵	Turin	10121	TRN
威尼斯	Venice	30176	VCE

(6)荷兰主要城市的英文名称、邮政编码和航空代码(表 22)

表 22

主 要 城 市	英 文 名 称	邮政编码示例	航 空 代 码
阿姆斯特丹	Amsterdam	1000 AA	AMS
鹿特丹	Rotterdam	3011 AA	RTM
埃因霍温	Eindhvoen	5611 AA	EIN

(7)瑞士主要城市的英文名称、邮政编码和航空代码(表 23)

表 23

主 要 城 市	英 文 名 称	邮政编码示例	航 空 代 码
苏黎世	Zurich	8000	ZRH
日内瓦	Geneve	1200	GVA
巴塞尔	Basel	2532	BSL

4. 北美洲主要国家概述

(1)美国主要城市的英文名称、邮政编码和航空代码(表 24)

表 24

主 要 城 市	英 文 名 称	邮政编码示例	航 空 代 码
纽约	New York	10000—××××	JFK
辛辛那提	Cincinnati	45201—××××	CVG
孟菲斯	Memphis	37501—××××	MEM
圣弗朗西斯科 (旧金山、三藩市)	San Francisco	94102—××××	SFO
迈阿密	Miami	33101—××××	MIA
洛杉矶	Los Angeles	90001—××××	LAX

(2)加拿大主要城市的英文名称、邮政编码和航空代码(表 25)

表25

主 要 城 市	英 文 名 称	邮政编码示例	航 空 代 码
渥太华	Ottawa	J8L ×××	YOW
多伦多	Toronto	M1B ×××	YYZ
卡尔加里	Calgary	T1X ×××	YYC
温哥华	Vancouver	V5K ×××	YVR
汉密尔顿	Hamilton	L8E ×××	YHM
蒙特利尔	Montreal	H2A ×××	YMQ

5.南美洲主要国家概述

(1)巴西主要城市的英文名称、邮政编码和航空代码(表26)

表26

主 要 城 市	英 文 名 称	邮政编码示例	航 空 代 码
巴西利亚	Brasilia	70000	BSB
圣保罗	Sao Paulo	04103	GRU
里约热内卢	Rio de Janeiro	22441	RIO

(2)阿根廷主要城市的英文名称、邮政编码和航空代码(表27)

表27

主 要 城 市	英 文 名 称	邮政编码示例	航 空 代 码
布宜诺斯艾利斯	Buenos Aires	1700	EZE
科尔多瓦	Cordoba	5000	COR
门多萨	Mendoza	5500	MDZ

6.非洲主要国家概述

(1)埃及主要城市的英文名称、邮政编码和航空代码(表28)

表28

主 要 城 市	英 文 名 称	邮政编码示例	航 空 代 码
开罗	Cairo	无	CAI
亚历山大	Alexandria	无	ALX

(2)南非主要城市的英文名称、邮政编码和航空代码(表29)

表29

主 要 城 市	英 文 名 称	邮政编码示例	航 空 代 码
开普敦	Cape Town	7100	CPT
约翰内斯堡	Johannesburg	1400	JNB
德班	Durban	4000	DUR

7.大洋洲主要国家概述

(1)澳大利亚主要城市的英文名称、邮政编码和航空代码(表30)

表30

主 要 城 市	英 文 名 称	邮政编码示例	航 空 代 码
悉尼	Sydney	2055	SYD
墨尔本	Melbourne	3002	MEL
布里斯班	Brisbane	4000	BNE

(2)新西兰主要城市的英文名称、邮政编码和航空代码(表31)

表31

主 要 城 市	英 文 名 称	邮政编码示例	航 空 代 码
惠灵顿	Wellington	5028	WLG
奥克兰	Auckland	0600	AKL
基督城	Christchurch		CHC

8.国际出口快件的复核

(1)单证的复核

①相关单证齐全。

②快递详情单信息完整。

(2)快件包装的复核

(3)快件的复重

(三)国际进口快件的分拣

1.国际进口快件英文名址的批译

(1)英文名址的批译规则

英文地址书写格式和中文地址书写格式顺序相反,在批译地址时应按照从后向前的顺序进行;在对收件人姓名进行批译时需注意名在前,姓在后;在对路名、街道名、村名等进行批译时,直接音译过来即可,需注意重名情况的区分。

(2)行政级别的批译

(3)大专院校的批译

(4)常见地址的批译

(5)公司(企业)各部门的批译

2.国际进口快件英文名址批译的审核

(1)审核的意义

(2)审核的要求

(3)审核操作

(4)审核处理

第三节　问题件处理

(一)航空违禁品快件的处理

1. 航空违禁品

(1)航空违禁品包括的物品

①国家规定的禁寄物品；

②爆炸品：如烟花爆竹、起爆引信等；

③气体：如压缩气体、干冰、灭火器、蓄气筒(无排放装置，不能再充气的)、救生器(可自动膨胀的)等；

④易燃液体：如油漆、汽油、酒精类、机油、樟脑油、发动机启动液、松节油、天拿水、胶水、香水等；

⑤易燃固体：自燃物质，遇水释放易燃气体的物质，如活性炭、钛粉、椰肉干、蓖麻制品、橡胶碎屑、安全火柴(盒擦的或片擦的)、干燥的白磷、干燥的黄磷、镁粉等；

⑥氧化剂和有机过氧化物：如高锰酸钾；

⑦腐蚀品：如蓄电池、碱性的电池液；

⑧未加消磁防护包装的磁铁、磁钢等含强磁的制品；

⑨其他航空禁运品。如粉末状物体(不论何种颜色)、液体(不论使用任何包装)、外包装有危险标志的货品等。

(2)对含有航空违禁品快件的处理方法

①发现违反国家禁限寄规定的快件，按照国家有关禁限寄物品处理办法处理。

②对禁止托运的物品或超出限量托运的物品暂时扣留，按滞留件处理，由专人、单独场地保管，并及时告知客户。

③对于能够转陆路运输的快件，应积极与客户沟通，让客户清楚此种"违禁品"不能走航空件，如侥幸发往机场，同样会被航空公司"安检部门"查获并扣件，因此会延误到件时间，同时如果因该物品导致飞机发生意外，公安部门还会追究相关的刑事责任。与客户沟通后，快件加贴"转陆运"标识，按陆运中转关系正常传递。

(3)隐含危险品的寄递物品

2. X 射线安全检查设备的使用

(1)X 射线安全检查设备的工作原理

(2)重点违禁物品的识别

①对枪支的 X 射线图像识别。

②对雷管的 X 射线图像识别。

③对管制刀具的 X 射线图像识别。

④对爆炸物的 X 射线图像识别。

⑤对毒物毒品的 X 射线图像识别。

(二)部分国家(地区)海关禁寄规定及清关注意事项

1. 美国海关禁寄规定及清关注意事项

(1)禁寄物品

(2)清关注意事项

①需提供原始正本商业发票；

②礼品和样品均须详细说明内件名称；

③发票应注明物品产地来源说明、重量及尺寸、美元价值、付款条款(INCO)等内容；

④纺织品需要纤维成分说明，服装需说明类型及数量；

⑤物品描述必须详尽，描述信息须包括用途和原产地。

2. 日本海关禁寄规定及清关注意事项

(1)禁寄物品

(2)清关注意事项

3. 俄罗斯海关禁寄规定及清关注意事项

(1)禁寄物品

(2)清关注意事项

4. 澳大利亚海关禁寄规定及清关注意事项

(1)禁寄物品

(2)清关注意事项

5. 中国台湾海关禁寄规定及清关注意事项

(1)禁寄物品

(2)清关注意事项

①运单及发票应以英文填写；

②应正确申报物品的数量及合理价值；

③木质包装需加盖 IPPC(国际植物保护公约)标识，商业发票上需注明木质包装物已经过熏蒸。

6. 德国海关禁寄规定及清关注意事项

(1)禁寄物品

(2)清关注意事项

①酒类和饮料：发票上必须写明酒精的含量，如果是甜味的，必须写明糖的含量，啤酒的样品将会有高额的税费 。

②化工品：详细的说明(详细的化学品名)，不接受"Chemical product" 。

③药品和制药类物品：仅仅限于收件人为公司，收件人需要提供进口许可证。所有个人用的药品仅仅限于发给药店，运单和发票都要注明药店的名字。

④纺织品：如果纺织品产于亚洲/中东/非洲，价值高于 22 欧元的需要准备原产地证明。

⑤针对中国的所有货物都要求提供商业发票，不接受形式发票。

(三)化工产品泄漏应急处理方法

1. 疏散与隔离

2. 做好个人防护

3. 切断火源

4. 泄漏物的处置

(四)处理中心滞留快件的处理

1.产生滞留快件的原因

2.滞留快件的处理

3.滞留快件的保管

4.滞留快件的核销

第四节 快件差异报告

(一)缮发快件差异报告的相关规定

(二)快件差异报告的书写要求

(三)快件差异报告的回复

1.查证

2.重大问题汇报制度

3.回复

4.处理

5.存档

(四)快件差异报告回复的要求

(五)快件差异报告及回复的缮写示例

1.未收到总包

2.收到总包无路单或清单

3.总包重号

4.多收或短收快件

5.快件误发、漏发

6.快件破损

7.快件地址不全

8.禁寄物品不予转递

第十一章 快件封发

第一节 国内快件总包封发

(一)快件封发的原则和注意事项

1.快件封发的原则

(1)经过登单工序的快件封装时,应一张清单对应封装一个总包。

(2)要按照重不压轻、大不压小、结实打底、方下圆上、规则形状放下、不规则形状放上的原则装袋。

(3)文件类快件与物品类快件应分别封装总包。

2.快件封发的注意事项

(1)对贴有优先或限时标签的快件应单独封装,加挂优先、限时快件标识或使用不同颜色的包袋进行区分。

(2)对标有易碎、怕压标志的快件应单独封装,加挂易碎或怕压标识。

(3)保价快件、代收货款快件应单独封装,加挂单独交接标识,封发清单上应加注保价金额或代收货款金额。

(4)重量和体积相邻近的快件应装入同一包袋内。

(5)装袋、称重和封发总包应由两人(或以上)共同进行。

(6)应使用印有企业标识、易识别的专用总包空袋。

(二)快件总包的堆码

1.库房的堆码

2.拖车堆码

3.堆码注意事项

(1)根据不同航班和车次及赶发时限的先后顺序建立堆位。

(2)车次或航班的代码和文字等相近、相似的堆位要相互远离。

(3)总包快件堆码时,不得有扔、摔及其他损坏快件的行为。

(4)码放在托盘或移动工具上的总包快件,应结合工具的载重标准和安全要求码放,但码放高度不宜超过工具的护栏或扶手。

(5)快件总包堆码时要注意保护袋牌和包签不被损坏或污染。

(三)快件总包的发运路由

1.北京—沈阳

北京—廊坊—天津—唐山—秦皇岛—葫芦岛—锦州—盘锦—沈阳

2.北京—上海

北京—廊坊—天津—沧州—德州—济南—枣庄—徐州—宿州—蚌埠—滁州—南京—常州—无锡—苏州—上海

3.北京—深圳

北京—保定—石家庄—邯郸—安阳—新乡—郑州—许昌—漯河—信阳—孝感—武汉—咸宁—岳阳—长沙—株洲—衡阳—郴州—韶关—广州—东莞—深圳

4.北京—成都

北京—保定—石家庄—阳泉—太原—临汾—西安—汉中—广元—绵阳—德阳—成都

5.上海—沈阳

上海—苏州—无锡—常州—南京—淮安—临沂—莱芜—淄博—滨州—沧州—天津—唐山—秦皇岛—葫芦岛—锦州—盘锦—沈阳

6.上海—东莞

上海—杭州—金华—衢州—上饶—鹰潭—南昌—赣州—河源—惠州—东莞

7.上海—武汉

上海—湖州—宣城—芜湖—铜陵—安庆—黄石—武汉

8.上海—成都

上海—湖州—宣城—芜湖—铜陵—黄石—武汉—荆州—宜昌—恩施—广安—重庆—遂宁—成都

9.上海—西安

上海—苏州—无锡—常州—南京—蚌埠—阜阳—周口—漯河—平顶山—洛阳—三门峡—西安

10.上海—深圳

上海—宁波—台州—温州—福州—泉州—漳州—汕头—汕尾—深圳

11.广州—昆明

广州—肇庆—玉林—南宁—百色—文山—玉溪—昆明

第二节　出口国际快件信息汇总比对

(一)快件信息汇总比对的概念和作用

1.快件信息汇总比对的概念(平衡合拢)

快件进站总件数+上班次结余件数=快件出站(或派送)总件数+本班次结余件数

2.快件信息汇总比对的作用

(1)运用快件信息汇总比对,可纠正操作当中的失误,减少快件延误丢失。

(2)运用快件信息汇总比对,可明确责任段落,汇总比对不平衡反映操作存在隐患,核查其中规律可更有针对性地解决问题。

(3)运用快件信息汇总比对,可用数字明确反映操作质量,量化质量指标方便考核评比。

(4)快件信息汇总比对合拢,也是快件处理中心生产秩序稳定的重要标志。

(二)出口国际快件信息汇总比对操作程序及异常情况处理

(1)国际快件到达分拣场地,分拣人员运用条码扫描设备,逐票扫描,生成到达信息。

(2)快件票数、件数信息相符,比对结果正常。

(3)国际快件进入分拣场地,进行快件实物操作和快件单据操作。

(4)同一批次快件封发工作结束,调出信息系统比对模块,进行件数与路向的比对。

(5)封装成快件总包,汇总总包件数与实际封发总包比对。

(6)经过清关后的国际快件,发运前要进行到站与出站的快件总数比对,检查未清关或海关扣留快件信息。

第三节　业务单据和业务档案管理

(一)业务单据处理

1.快递业务几种主要单据

(1)快递运单(也称详情单)

(2)清单

(3)路单

(4)快件差异报告

(5)平衡表(合拢单)

(6)索赔申报单

(7)其他单证

2.业务单据送缴时限

3.业务单据的整理装订

4. 业务单据的接收检查

(二)业务档案的保管

1. 业务档案管理规定

2. 业务档案查阅、调阅规定

第十二章　快递信息使用与管理

具体知识考试要点与快件收派第十三章内容相同。

附录一　快递业务员(高级)快件收派职业技能鉴定模拟试题(理论)

一、单项选择题

1. 快递产品按快递时限划分不包括(　　)。

A. 即日件　　B. 次日件　　C. 隔日件　　D. 经济型快件

2. 某保险公司的快件保险费率为 2%,有一客户所寄的快件投保 8 万人民币,则此客户应缴纳的保险费是(　　)元人民币。

A. 1 500　　B. 1 600　　C. 1 700　　D. 1 800

3. 快递业务员每天收取的快件主要包括(　　)的快件和实时新增的快件。

A. 潜在客户　　B. 开发中的客户　　C. 信息系统中　　D. 预收客户

4. 根据客户的所在地址,按照由近及远或是由远及近的原则设计收寄路线的方法为(　　)。

A. 最快时效法　　B. 最短路径法　　C. 经验判断法　　D. 经验分析法

5. 委托件是指快递企业受第三方委托,前往(　　)处取件后送达收件人的快件。

A. 寄件人　　B. 收件人　　C. 分拣场地　　D. 库房

6. 定时服务是指快递企业按照(　　)指定的时间段、时间点上门收寄快件的一种服务类型。

A. 寄件人　　B. 收件人　　C. 第三方　　D. 委托人

7. "我是 * * 公司的收件员,叫 * * 。"翻译最准确的是(　　)。

A. I am * *, and my name is * *.

B. I am * *, my name is * *.

C. My name is * *, I am a courier.

D. I am a courier of * *, and my name is * *.

8. "thirteen"的中文意思是(　　)。

A. 三　　B. 十三　　C. 十八　　D. 三十

9. "address"的中文意思是(　　)。

A. 衣服　　B. 布料　　C. 引导　　D. 地址

10. "advice of non－delivery" 的中文意思是(　　)。

A. 投递通知单　　B. 通知单　　C. 改寄通知单　　D. 无法投递通知单

11. 消费者对消费者的电子商务简称(　　)。

A. B2B　　B. B2C　　C. C2C　　D. G2B

12. 快递信息按照系统来源分为系统内信息和(　　)。

A. 客户信息　　B. 系统外信息　　C. 市场信息　　D. 国际信息

13. 全球定位系统简称(　　)。

A. EDI　　B. GPRS　　C. GIS　　D. GPS

14. 目前广泛应用在快递行业的信息技术为(　　)。

A. 驾驶技术　B. 射频技术　C. 航海技术　D. 条形码技术

15. 条形码可以分为一维条形码和(　　)。

A. 二维条形码　B. 三维条形码　C. 四维条形码　D. 空间条形码

16. EDI 被人们通俗地称为(　　)。

A. 无纸贸易　B. 网络贸易　C. 电话贸易　D. 电子贸易

17. 地理信息系统简称(　　)。

A. EDI　B. GPRS　C. GIS　D. GPS

18. 包裹类快件按照其(　　)可分为高价值包裹和低价值包裹。

A. 本身价值　B. 运输费用　C. 税费　D. 燃油附加费

19. 国际快件中快递企业应收取的费用不包括(　　)。

A. 快件资费　B. 包装费

C. 偏远地区附加费　D. 商标使用费

20. (　　)不属于形式发票的制作要求。

A. 安全　B. 准确　C. 完整　D. 简明

21. 商业发票的出票日期一般在信用证开证日期(　　)。

A. 前十天　B. 之后　C. 前三天　D. 前二天

22. 汇率按制订汇率的方法划分基本费率和(　　)。

A. 固定汇率　B. 套算汇率　C. 中间汇率　D. 现钞汇率

23. 海关监管的主要目的是(　　)。

A. 防止非法贸易和违法活动　B. 对进出口货物征收费用

C. 控制库存商品量　D. 提高 GDP

24. 出境快件在运输工具离境(　　)小时之前,应当向海关申报。

A. 1　B. 2　C. 3　D. 4

25. 报检是指按照法律、法规、合同的规定根据需要向检验检疫机构申请办理(　　)、检疫、鉴定工作的手续。

A. 检验　B. 检查　C. 化验　D. 抽查

26. 进出境快件中货物 I 类的申报方式为(　　)。

A. KJ1　B. KJ2　C. KJ3　D. KJ4

27. 对海关规定准予免税的货样,应提交中华人民共和国海关进出境快件(　　)。

A. KJ1 报关单　B. KJ2 报关单　C. KJ3 报关单　D. KJ4 报关单

28. Packing List 的中文意思是(　　)。

A. 报关单　B. 包裹单　C. 装箱单　D. 装货单

29. 非外贸经营单位或个人运往国外的货物,价值在(　　)人民币元以上的,一律须申领出口许可证。

A. 1 000　B. 2 000　C. 3 000　D. 4 000

30. (　　)不属于美国海关禁寄物品。

A. 鳄鱼皮包　B. 干花类制品　C. 纯棉毛巾　D. 弹药

31. 集中派送的优点包括(　　)。

A. 作业现场集中,有利于提高场地和设备的利用率

B. 减少上段的空白行程

C. 派送分拣区域相对缩小

D. 降低了快递业务员的劳动强度

32. 作业现场管理的基本原则不包括(　　)。

A. 方便客户　　B. 便于操作　　C. 保密安全　　D. 开放作业

33. (　　)符合派送段的设计要求。

A. 段与段之间派送量均衡

B. 派送范围大小不一

C. 派送段的设计要充分考虑企业的品牌

D. 下段的地点离派送网点较远

34. 如果派送段发生变动,应及时将变动情况通知(　　)。

A. 收件人　　B. 处理部门　　C. 客户　　D. 寄件人

35. 快件派送调度分为快递业务员调度和(　　)。

A. 处理设备调度　　B. 快递信息调度

C. 收寄车辆调度　　D. 派送车辆调度

36. 车辆调度的工作内容不包括(　　)。

A. 编制车辆运行作业计划　　B. 监督车辆离站、到站时间

C. 指挥派送车辆的停放和出入　　D. 进行客户的维护

37. 自取件适用于派送(　　)次仍无法派送的快件。

A. 1　　B. 2　　C. 3　　D. 4

38. 派送交接检查的内容不包括(　　)。

A. 核对快件数量　　B. 检查快件外包装是否破损

C. 检验快件运单　　D. 检查寄件人名址

39. 派送交接操作正确的是(　　)。

A. 信任交接　　B. 当面会同交接并签字确认

C. 先交接后补签　　D. 替代交接

40. 快递企业按(　　)制作派送路单,作为处理人员与派送员交接快件的依据。

A. 中转路由　　B. 寄件人信息　　C. 派送网点　　D. 派送段

41. 关于派送路单的制作要求,描述错误的是(　　)。

A. 寄件人电话与运单相符　　B. 正确填写派送日期

C. 结数准确　　D. 签字确认

42. 派送路线设计的原则不包括(　　)。

A. 保证快件安全　　B. 保证派送时限

C. 优先派送优先快件　　D. 先轻后重,先小后大

43. (　　)因素不影响派送效果。

A. 快件时限要求　　B. 交通工具

C. 客户地理分布　　D. 客户经营状况

44. 关于快件排序，做法错误的是(　　)。

A. 快件运单一致朝外　　B. 看清收件人地址

C. 检查场地有无遗漏快件　　D. 快件一律倒置存放

45. 快件排序复核的重点不包括(　　)。

A. 核对寄件人名址　　B. 检查是否按派送路线排序

C. 检查有无误排现象　　D. 检查有无漏排现象

46. (　　)不影响快件的装载。

A. 快件特性　　B. 快件形状

C. 快件付费方式　　D. 快件规格

47. 快件装运的原则不包括(　　)。

A. 适当稳固　　B. 大件集结　　C. 安全　　D. 轻重搭配

48. (　　)不属于派送服务的基本原则。

A. 安全派送原则　　B. 自愿平等原则

C. 保证派送时限原则　　D. 信息保密原则

49. (　　)不符合派送服务要求。

A. 遵守交通法规

B. 注意防损、防盗

C. 对客户拒签快件，注明拒签原因并签字确认

D. 单位盖章签收快件时，经办人未签字

50. 关于限时快件，说法错误的是(　　)。

A. 要求在限定时间段内送达收件人

B. 具有较强的时限要求

C. 限时送达的保证在第二次派送时同样有效

D. 需及时录入派送信息

51. (　　)是快递企业一贯秉承的服务理念，也是快递企业赖以生存和发展的基础。

A. 客户至上　　B. 站在企业的立场看问题

C. 注重服务方向　　D. 关注企业的利润

52. 促进快递企业发展的主要因素包括社会经济的发展、(　　)、市场规模的扩大。

A. 降低快递成本　　B. 内外结合

C. 科学技术的进步　　D. 视客户为亲友

53. 快递客户需求调查与分析的目的是(　　)，预测快递发展趋势。

A. 了解快递行业现状　　B. 掌握社会经济发展方向

C. 实施调查细则　　D. 设计调查问卷与访谈提纲

54. 快递企业对客户需求调查的方式可分为(　　)、网络调查、电话调查和问卷调查。

A. 当面调查　　B. 沟通调查　　C. 问题调查　　D. 回访约定

55. (　　)是影响企业客户使用快递行为的因素之一。

A. 企业文化　　B. 服务决策　　C. 快递品牌　　D. 利润成本

56. 在快递企业发展初期，应先选择(　　)；而企业发展到一定规模时，则将中、高端客户群作为开发对象。

A. 大客户　　B. 中、小型客户
C. 职工队伍多的客户　　D. 资金雄厚的客户

57. (　　)是制订客户开发计划原则之一。

A. 理论性　　B. 实用性　　C. 策略性　　D. 时间性

58. (　　)是开发快递客户的基本途径。

A. 善于观察和总结　　B. 良好的服务体系
C. 降低企业的成本　　D. 提高企业的宣传力度

59. 客户需求指标体系的内容不包括(　　)。

A. 安全保障　　B. 服务区域
C. 特殊情况处理能力　　D. 合作关系

60. 客户满意度调查常用的方法主要包括：问卷调查法、访问法、观察法和(　　)。

A. 随意调查法　　B. 委托调查法
C. 局部调查法　　D. 快捷响应法

二、多项选择题

1. 按照传递时限划分的快件类型包括(　　)。

A. 即日件　　B. 次日件　　C. 隔日件　　D. 经济型快件
E. 标准快件

2. 快件保费制定的原则包括(　　)。

A. 充分性原则　　B. 公平性原则　　C. 合理性原则　　D. 稳定灵活原则
E. 促进防损原则

3. 设计收寄路线基本要求包括(　　)。

A. 优先收取客户订单中备注紧急信息的快件
B. 合理避开上下班高峰时间，选择适当的行车路线
C. 保障快件的安全
D. 快件验视
E. 合理包装

4. 设计路线基本方法包括(　　)。

A. 最快时效法　　B. 最短路径法　　C. 经验判断法　　D. 详细分析法
E. 抽样统计法

5. 快递企业拒收到付件的原因包括(　　)。

A. 寄方客户未与收方客户达成一致
B. 寄方客户与收方客户有经济纠纷
C. 企业本身的制度原因导致拒收
D. 寄方客户未对快件进行保价
E. 寄方客户未对快件进行保险

6. 关于代包装业务说法正确的是(　　)。

A. 客户提出代包装业务申请

B. 快递企业审核是否可以承接

C. 客户申请后,快递企业未经审核即受理

D. 协议签订后,由客户对快递企业员工进行培训

E. 此业务是提高企业收入的一个途径

7. 以下汉译英正确的是(　　)。

A. 好的,请讲下去　　Yes,go ahead,please

B. 您咨询的问题是......　　The question you ask is that...

C. 请您不要着急,我会尽力帮您解决

Don't worry,I will try my best to help you.

D. 我是 * * 公司的收件员,叫 * *　　I am * *,my name is * *.

E. 感谢您的耐心等待　　Thank you.

8. (　　)属于 C2C 电子商务快递的特点。

A. 服务质量要求高　　B. 时效性要求高

C. 强调个性化　　D. 定制化

E. 收件量大

9. 目前应用在快递行业的信息技术包括(　　)。

A. 计算机技术　　B. EDI　　C. GPS　　D. 地理信息系统

E. 条码技术

10. 目前出口快件中包裹类快件按照其本身价值一般分为(　　)。

A. 低价值包裹类　　B. 高价值包裹类

C. 零值包裹类　　D. 免税包裹类

E. 非免税包裹类

11. 国际快件中快递企业应收取的费用包括(　　)。

A. 快件资费　　B. 包装费

C. 偏远地区附加费　　D. 商标使用费

E. 商检费

12. 按银行买卖外汇的角度可以将汇率划分为(　　)。

A. 买入汇率　　B. 卖出汇率　　C. 中间汇率　　D. 浮动汇率

E. 现钞汇率

13. 清关一般包括(　　)等通关手续。

A. 申报　　B. 征税　　C. 查验　　D. 放行

E. 收款

14. 进出境快件按照申报方式可分为(　　)。

A. 文件类　　B. 包裹类

C. 高价值包裹类　　D. 个人物品类

E. 货物类

15. 个人物品类快件报关时，应当向海关提交(　　)。

A. 个人物品申报单　　B. 进出境快件的分运单

C. 身份证复印件　　D. 商业发票

E. 装箱单

16. (　　)是集中派送模式的优点。

A. 有利于提高场地和设备的利用率

B. 有利于实施派送作业组织管理

C. 加快分拣速度，提高工作效率

D. 提高作业成本

E. 减少了市内中转环节

17. 派送网点的选址应满足(　　)要求。

A. 配套设施齐全

B. 选址在业务量较小的密度区附近

C. 治安状况良好

D. 交通便利

E. 地理位置适当

18. 派送段设计的基本要求包括(　　)。

A. 范围大小适宜

B. 保证每名快递业务员的工时得以充分利用

C. 段与段之间界限要清楚明确

D. 段与段之间区域可以相互重叠

E. 段与段之间的派送量大小要基本均衡

19. 调度人员通过与(　　)沟通协调，确保信息完整及时地传达。

A. 快递业务员　　B. 寄件人　　C. 客服人员　　D. 处理人员

E. 收件人

20. 对于(　　)采用专车运行调度法。

A. 超重件　　B. 超大件　　C. 金额较大的代收货款快件

D. 时限紧急快件　　E. 保价快件

21. 自取件主要适用于(　　)情况。

A. 派送 1 次无法派送的快件

B. 派送 2 次仍无法派送的快件

C. 派送 3 次仍无法派送的快件

D. 客户约定自取的快件

E. 相关政府部门提出要求的快件

22. (　　)情况下发生的迂回，属于不合理运输。

A. 计划不周　　B. 地理不熟　　C. 道路维修　　D. 组织不当

E. 时限紧急

23. 关于快件的装载,做法正确的是(　　)。

A. 易碎快件单独放置　　B. 稳固码放快件

C. 充分利用车辆的运载能力　　D. 后派后装

E. 超重件由专门的车辆负责派送

24. 派送保价快件的正确做法是(　　)。

A. 交接检查时,认真检查快件的外包装

B. 交接检查时,认真检查快件的保价封签

C. 发现外包装破损,加固后进行试派

D. 与客户协商到网点自取非常贵重的保价快件

E. 快件签收时,提醒收件人检查保价封签是否完好无损

25. 代缴关税的收取方式包括关税(　　)。

A. 记账　　B. 记账转第三方　　C. 分期结算　　D. 现结

E. 网上结算

26. 快递业务员服务的技巧主要包括(　　)。

A. 提高服务方式　　B. 学会倾听客户的抱怨

C. 良好的语言表达能力　　D. 优雅的形体语言表达技巧

E. 具备良好的人际关系沟通能力

27. 客户需求调查与分析的步骤包括(　　)。

A. 评价市场开发机会　　B. 预测快递发展趋势

C. 制定调研方案　　D. 实施调查工作

E. 分析运用调查结果

28. 目前快递企业的增值服务主要包括(　　)。

A. 保价服务　　B. 保险服务　　C. 清关服务　　D. 通讯服务

E. 代收货款

29. 客户开发计划制订的原则包括(　　)。

A. 任务性　　B. 实用性　　C. 创新性　　D. 方便性

E. 效益性

30. 客户关系管理的意义主要体现在(　　)。

A. 实现快递企业利润的最大化

B. 在维系老客户的基础上去发展新客户

C. 实现客户利润的最大化

D. 实现企业市场开拓的最大化

E. 对客户资产进行评估

三、判断题

1. 快递产品按快递时限划分包括经济型快件。　　(　　)

2. 保险快件涉及快递企业、保险公司、客户三方。　　(　　)

3. 委托件是指快递企业受第三方委托,前往寄件人处取件后送达收件人的快件。　　(　　)

4.“对不起,您能再重复一下好吗?”译成英文是“I'm sorry,Would you please repeat what you said?” ( )

5.新浪网属于C2C电子商务平台。 ( )

6.快递信息是指快递系统内部以及快递系统与外界相联系的各种信息。 ( )

7.条形码技术是一种人工识别技术。 ( )

8.快递企业向客户收取的国际快件费用主要分为快递企业应收取费用和代收费用两部分。 ( )

9.制作形式发票要求的是准确、完整、简明、整洁。 ( )

10.汇率按对外汇管理的宽严角度划分为基本费率和套算汇率。 ( )

11.国家赋予海关的主要任务包括提高国内商品出口量。 ( )

12.进境快件自运输工具申报进境之日起14日内,应当向海关申报。 ( )

13.文件类进出境快件报关时,快递企业应当向海关提交KJ1报关单、总运单和海关需要的其他单证。 ( )

14.报关单按照使用性质划分可以分为进口货物报关单和出口货物报关单。 ( )

15.非外贸经营单位或个人运往国外的货物价值在2 000人民币元以上的,一律须申领出口许可证。 ( )

16.集中派送模式具有减少上段空白行程的优点。 ( )

17.派送网点要求有符合规定的消防设施和监控设施。 ( )

18.派送段变动后需要及时通知处理部门。 ( )

19.编制快递业务员的排班计划时,应将上段距离较远的派送段安排在较早的派送班次。 ( )

20.派送交接检查时,不需要检查寄件人名址。 ( )

21.制作派送路单时,无须核对派送路单与快件实际信息是否相符。 ( )

22.因快件时限要求高进行紧急派送引起的迂回运输属于不合理运输。 ( )

23.快件装载时,应将重件置于底部。 ( )

24.保价封签粘贴在快件包装箱骑缝线上,并由快递业务员签字。 ( )

25.派送到付改寄件时,不收取改寄服务费。 ( )

26.客户至上是快递企业一贯秉承的服务理念,也是快递企业赖以生存和发展的基础。 ( )

27.快递企业对客户需求调查的方式可分为:组织调查、非组织调查。 ( )

28.实用性、创新性、效益性是客户开发计划制订必须遵循的原则。 ( )

29.寻求客户利润最优化是客户关系管理的根本目的。 ( )

30.访问法、观察法、问卷调查法、委托调查法是客户满意度调查常用的方法。 ( )

31.统筹比对法是设计路线基本方法之一。 ( )

32.到付快件是由寄件人支付快递费用的快件。 ( )

33.客户发件时,缺乏包装知识,业务员免费协助其包装快件属于代包装业务。 ( )

34.“Here is your change.”译成中文是“这是找您的钱”。 ( )

35. 清关,是指进出境快件向海关申报、办理查验、征税、放行等通关手续的全过程。（　）

36. 派送段与派送段之间可以相互重叠。（　）

37. 进行车辆调度可以增加快件的业务量。（　）

38. 电脑系统打印派送路单时,对一票多件快件应集中进行扫描。（　）

39. 快件排序分堆时,一般 6～8 堆为宜。（　）

40. 装运易滚动的桶状快件时,要水平摆放。（　）

快递业务员(高级)快件收派职业技能鉴定模拟试题(理论)参考答案

一、单项选择题

1～5：D B C B A　　6～10：A D B D D
11～15：C B D D A　　16～20：A C A D A
21～25：B B A C A　　26～30：B B C A C
31～35：A D A B D　　36～40：D B D B D
41～45：A D D D A　　46～50：C B B D C
51～55：A C A A C　　56～60：B B B D B

二、多项选择题

1～5：A B C、A B C D E、A B C、A B C D、A B C
6～10：A B D E、A B C、A B C D、A B C D E、A B
11～15：A B C、A B C E、A B C D、A D E、A B C
16～20：A B C E、A C D E、A B C E、A C D、A B C D
21～25：B D E、A B D、A B C E、A B D E、A B D
26～30：B C D E、C D E、A B C E、B C E、A B D

三、判断题

1～5：××√√×　　6～10：√×√√×
11～15：×√√××　　16～20：×√√√√
21～25：××√××　　26～30：√×√×√
31～35：×××√√　　36～40：××√√×

附录二　快递业务员(高级)快件收派职业技能鉴定模拟试题(技能操作)

试题 1. 请考生根据以下信息制作形式发票。

张三是一名做出口玩具车生意的卖家,一日他收到来自英国的买家 Peter Johnson 的订单要购买一批玩具车。假如你是一名快递业务员,现根据以下相关信息替张三制作一份形式发票。

(1)卖方信息:

Name:Force Link Ltd.

Add:No. 88,Zhengxing RD,Shantou,Guangdong,China

Tel/Fax:86-754-85857744

(2)买方信息:

Name:KATT Trading Co.

Add:56 Kendy Street,Erehwon,Birmingham,UK.

Tel/Fax:44-121-8765-5428

(3)商品信息:

货　号	品　名	单价(FOB Shantou)	件数/箱	箱　数
0710I087	Free Wheel Metal Car	US$ 3/PC	24	50
0710A161	Free Wheel Farm Car	US$ 2/PC	36	50
0710S141	BO Motor Car	US$ 1/PC	12	50

(4)其他信息:

- 形式发票编号:TC20120609
- 形式发票日期:2012 年 06 月 09 日
- 合同号:TC2012001
- 目的港:Birmingham,UK
- 装运港:Shantou,China
- 付款方式:用 T/T 支付,预付全款(100% T/T in advance)
- 装运期:发票确认后 30 天内装运 30 days after PI congfirmed
- 运输标志:Katt Trading Co. 1-275

(1)本题分值:15 分。

(2)考核时间:10 分钟。

(3)考核形式:实操。

试题 2. 如下图:A 点为派送网点,B、C、D、E、F、G、H、I、J、K 为 10 个派送地址。其中 B 点是一票 30 分钟内到达的快件;C 点是一票普通文件类快件;D 点是一票重量 20kg 的普通包裹;E 点是一票保价 10 000 元的包裹类快件;F 点是一票代收货款 3 000 元的快件;G 点是一票更址的包裹类快件;H 点是一票到付包裹类快件;I 点是一票代收货款 1 000 元且重量为 3kg 的快件;J 点是一票 1kg 的普通包裹; K 点是一票到付文件类快件。到达各点所需的时间(单位为分钟)已在图上标注,请根据上述要求合理设计派送路线并说明选择第一个派送点的原因。

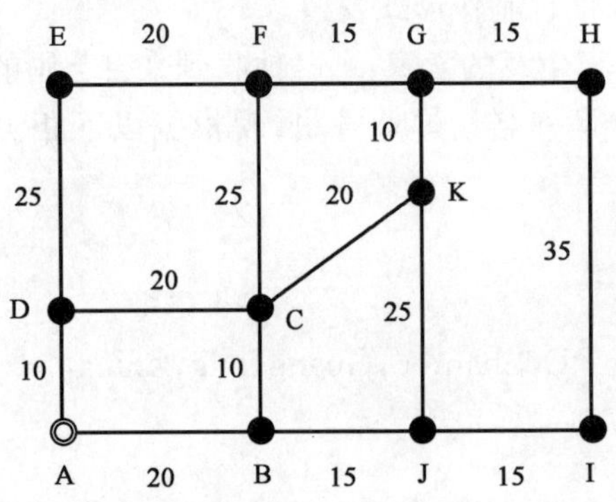

(1)本题分值:10 分。

(2)考核时间:7 分钟。

(3)考核形式:笔试。

试题 3. 拟定一份客户访问计划表,填写表内相关项目。

某快递企业近期组织相关人员对现有客户进行访问,业务员李某承担凯迪公司大客户的访问,该公司位于南京路 8 号,主要是生产高档品牌手机,手机一般销往深圳,年销售量在 10 万部,年快件业务收发量在 15 万票,主要是保价业务、时效要求比较高的即日件。负责销售的是王经理,联系电话 021-88886666,传真 021-88887777。为了达到维护老客户的目的,特拟定了一份客户访问计划表(表如下)。请考生填写相应的内容。

1. 访问公司名称:________________________

2. 地址:________________ 联系人:________________

3. 电话:________________ 传真:________________

4. 公司特征

• 业务类型:________________________

• 业务量:________________________

5. 以往的快递业务活动

• 一般快件发送的方向:________________________

• 年快件业务收发量:________________________

6. 客户访问的目的________________________

7. 客户主要的快递业务需求________________________

8. 快递企业服务产品展示

• 快递产品的特点、优势________________________

• ________________________

- ______________________________
- ______________________________
- ______________________________

(1)本题分值:15 分。

(2)考核时间:8 分钟。

(3)考核形式:笔试。

快递业务员(高级)快件收派职业技能鉴定模拟试题(技能操作)参考答案

[**试题 1 答案**]

<table>
<tr><td colspan="2">寄件人(Consignor):Zhang San
公司名称(Company Name):Force Link Ltd.
地址(Address):No. 88, Zhenxing RD, Shantou, Guangdong, China
电话/传真(Phone/Fax):86-754-85857744</td><td colspan="3">Force Link Ltd.
Proforma Invoice</td></tr>
<tr><td colspan="2">收件人(Consignee):Peter Johnson
公司名称(Company Name):KATT Trading Co.
地址(Address):56 Kendy Street, Erehwon, Birmingham, UK.
电话/传真(Phone/Fax):44-121-8765-5428</td><td colspan="2">发票号(NO.)
TC20120609</td><td>发票日期(Date)
June,09,2012</td></tr>
<tr><td colspan="2">付款方式(Terms of Payment):100% T/T in advance</td><td colspan="3">合同号(S/C NO.):TC2012001</td></tr>
<tr><td>运输标志
(Marks & No.)</td><td>包装的件数、种类及商品描述
(Number and Kind of Package
Description of Goods)</td><td>数量
(Quantity)</td><td>单价
(Unit Price)</td><td>总价
(Amount)</td></tr>
<tr><td>Katt Trading Co. 1-275</td><td>50CNTS 0710I087 Free Wheel Metal Car
50CNTS 0710A161 Free Wheel Farm Car
50CNTS 0710S141 BO Motor Car</td><td>1200PC
1800PC
600PC</td><td>FOB Shantou
US$ 3.00/PC
US$ 2.00/PC
US$ 1.00/PC</td><td>US$ 3600.00
US$ 3600.00
US$ 600.00</td></tr>
<tr><td colspan="5">总计(Total): US$ 7800.00</td></tr>
<tr><td colspan="5">出发地(Port to Loading):Shantou, China
目的地(Port of Destination):Birmingham, UK
发运时间(Time of Delivery):30 days after PI congfirmed</td></tr>
</table>

[**试题 2 答案**]

1. 派送路线行走顺序:A→B→C→D→E→F→G→K→G→H→I→J→B→A。

2. 先派送 B 点快件,因为其要求在 30 分钟内送达,只有先派送 B 点快件才能保证派送时限。

[**试题 3 答案**]

1～5 项考生可根据试题中的内容填写。

6. 客户访问的目的

进行客户维护,挖掘关键客户,留住现有客户。

7. 客户主要的快递业务需求

保价快件业务;一般时效要求比较高的即日件。

8.快递服务产品展示

快递产品的特点、优势。

保价快件,是指客户向快递企业申明快件价值,快递企业与客户之间协商约定由寄件人承担基础资费之外保价费用的快件。保价快件一般具有高价值、易碎、对客户具有较高重要性的特点。保价快件与一般快件相比,具有优先进行派送的优势。

即日件:当日收取当日送达的快件,产品适用于高附加类价值的企业及客户临时突发事件的处理使用。即日件较其他快递产品具有时效高的优势。

附录三　快递业务员(高级)快件处理职业技能鉴定模拟试题(理论)

一、单项选择题

1. 处理中心基本功能包括快件接收功能、(　　)和快件封发功能。

A. 快件运输功能　　B. 快件派送功能
C. 快件分拣功能　　D. 快件收寄功能

2. (　　)不属于快件处理中心主要作业区域。

A. 快件分拣区　　B. 异常处理区
C. 贵重物品暂存区　　D. 派送快件暂存区

3. 手动液压搬运车的构造包括(　　)。

①手把②叉架③发动机④轮子⑤液压器

A. ①②③⑤　B. ①③④⑤　C. ①②③④　D. ①②④⑤

4. 底部有可以转向的轮子,且四周是用铁栏或网固定的搬运设备是(　　)。

A. 手动液压装卸车　　B. 平板手推车
C. 笼车　　D. 叉车

5. 航空集装器主要分为三种类型,小型航空集装器、大型航空集装器和(　　)。

A. 航空集装罐　　B. 航空集装箱
C. 航空集装板　　D. 航空集装车

6. 如果出现总包误发的情况,应采用(　　)方法解决。

A. 应将总包拆解,将优先快件赶最近的中转班次进行中转
B. 应将总包拆解,分拣后,封装发出
C. 应将总包尽快按正确路向发出
D. 应将总包暂存在处理中心等待处理

7. 下面(　　)不属于装卸搬运合理化的原则。

A. 增加装卸搬运次数　　B. 缩短移动距离
C. 作业衔接流畅　　D. 实现机械化作业

8. 输送带传送的特点不包括(　　)。

A. 作业效率高　　B. 设备成本低
C. 劳动强度小　　D. 搬运质量佳

9. 航空快件取包少件时,如机场同意提取总包,接发员应及时提取,并在(　　)注明实提及少提数量。

A. 派送路单　B. 航空提货单　C. 封发清单　D. 索赔申报单

10. 优先快件主要包括(　　)。

①物品价值较高的快件②时限要求高的快件③客户明确要求在规定时间内送达的快件

④内装客户非常重视物品的快件。

A. ①②　　B. ①④　　C. ②④　　D. ②③

11. 保价快件总包接收验视应比普通总包(　　)。

A. 更慢　　B. 更快　　C. 更加宽松　　D. 更加严格

12. 国内快件撤回需要满足的条件是(　　)。

A. 快件已经派送至收件人处

B. 快件还未派送至收件人处

C. 必须在收取快件的快递业务员没离开寄方客户时

D. 必须是快件还未进入快递企业的转运网络时

13. (　　)指快递企业根据寄件人提出的申请,将已经发送的快件退还寄件人的一种特殊的服务。

A. 快件保价　　B. 快件撤回　　C. 快件更址　　D. 快件派送

14. 进口国际快件单据的接收主要是(　　)的接收。

A. 快件差异报告　　B. 路单

C. 封发清单　　D. 税单

15. 一票快件从上海发往新加坡,长宽高分别为 60cm、60cm、30cm,实际重量为 15kg,计费重量为(　　) kg。

A. 15　　B. 18　　C. 20　　D. 22

16. 河北省唐山市的邮政编码是(　　)。

A. 061000　　B. 063000　　C. 065000　　D. 067000

17. 山西省朔州市的邮政编码是(　　)。

A. 033000　　B. 034000　　C. 036000　　D. 037000

18. 黑龙江省佳木斯市的邮政编码是(　　)。

A. 152000　　B. 153000　　C. 154000　　D. 165000

19. 安徽省芜湖市的邮政编码是(　　)。

A. 241000　　B. 242000　　C. 243000　　D. 244000

20. 福建省泉州市的邮政编码是(　　)。

A. 352000　　B. 353000　　C. 362000　　D. 363000

21. 河南省许昌市的邮政编码是(　　)。

A　461000　　B. 462000　　C. 463000　　D. 464000

22. 广东省潮州市的邮政编码是(　　)。

A. 515000　　B. 517000　　C. 519000　　D. 521000

23. 广西壮族自治区玉林市的邮政编码是(　　)。

A. 535000　　B. 536000　　C. 537000　　D. 538000

24. 陕西省延安市的邮政编码是(　　)。

A. 710000　　B. 712000　　C. 714000　　D. 716000

25. 山西省晋中市的电话区号是(　　)。

A. 0352　　B. 0353　　C. 0354　　D. 0355

26. 辽宁省丹东市的电话区号是(　　)。

A. 0414　　B. 0415　　C. 0416　　D. 0417

27. 浙江省宁波市的电话区号是(　　)。

A. 0571　　B. 0572　　C. 0573　　D. 0574

28. 江西省吉安市的电话区号是(　　)。

A. 0796　　B. 0797　　C. 0798　　D. 0799

29. 山东省潍坊市的电话区号是(　　)。

A. 0532　　B. 0534　　C. 0536　　D. 0538

30. 广东省惠州市的电话区号是(　　)。

A. 0751　　B. 0752　　C. 0753　　D. 0754

31. 贵州省遵义市的电话区号是(　　)。

A. 0852　　B. 0853　　C. 0854　　D. 0855

32. 甘肃省酒泉市的电话区号是(　　)。

A. 0935　　B. 0936　　C. 0937　　D. 0938

33. 大连周水子国际机场的 IATA 代码是(　　)。

A. DAL　　B. DLI　　C. DLG　　D. DLC

34. 我国五大出口贸易航线不包括(　　)。

A. 中俄线　　B. 中美线　　C. 中日线　　D. 中德线

35. 著名的 Dubai International Airport 在(　　)。

A. 法国　　B. 俄罗斯　　C. 澳大利亚　　D. 阿拉伯联合酋长国

36. 检验检疫机构对出入境快件实行分类管理，样品、礼品、非销售展品和私人自用物品是(　　)。

A. A 类　　B. B 类　　C. C 类　　D. D 类

37. 针对快件在美国海关进行清关时，以下叙述，(　　)是正确的。

A. 允许个人自行办理报关手续

B. 所有出口快件均实行免税优惠政策

C. 必须到海关与边境保护局指定地递交纸质报关单

D. 快件运抵美国口岸的当天就必须向美国海关与边境保护局进行报关

38. 对于日本海关进口限制类货物快件清关时，需特别提供的单证是(　　)。

A. 进口报关单　　B. 发票

C. 原产地证书　　D. 进口许可证

39. Austria 的首都是(　　)。

A. Athens　　B. Berlin　　C. Paris　　D. Vienna

40. 印度的邮政编码由(　　)位数字组成。

A. 4　　B. 5　　C. 6　　D. 7

41. 以下说法，(　　)是正确的。

A. 英国的邮政编码由 4 位数字组成

B. 英国的邮政编码由 5 位数字组成

C. 英国的邮政编码由 6 位数字组成
D. 英国的邮政编码由英文字母和数字混合组成

42. 荷兰的首都是(　　)。
A. Amsterdam　B. Eindhvoen　C. Milan　D. Rotterdam

43. 瑞士日内瓦国际机场的航空代码是(　　)。
A. BSL　B. GVA　C. ROM　D. ZRH

44. 巴西圣保罗国际机场的航空代码是(　　)。
A. BSB　B. CVG　C. GRU　D. RIO

45. 南非的邮政编码由(　　)位数字组成。
A. 4　B. 5　C. 6　D. 7

46. 澳大利亚悉尼金斯福德·史密斯国际机场的航空代码是(　　)。
A. BNE　B. MEL　C. SYD　D. AKL

47. "5 East Changan Avenue PeKing"应译为(　　)。
A. 北京市第五大街　B. 北京市长安大街
C. 北京市长安街 5 号　D. 北京市东长安街 5 号

48. 国际进口快件名址批译审核,重点内容是检查(　　)。
A. 快件详情单填写是否规范
B. 快件详情单上的信息翻译是否完整
C. 快件详情单收件人名址错译、漏译情况
D. 快件详情单寄件人名址错译、漏译情况

49. 以下物品,(　　)不属于航空违禁品。
A. 电池　B. 磁铁　C. 安全火柴　D. 机械表

50. 以下说法,(　　)是正确的。
A. 美国海关规定鲜花不允许寄递,但是干花可以
B. 在美国海关清关时,寄递的服装可以描述为"clothing"
C. 快件在美国海关清关时,可以用形式发票代替原始正本商业发票
D. 经 FDA 登记的药品,可以通过快递寄往美国

51. 寄往澳大利亚的快件,在澳大利亚海关清关时,下列说法(　　)是错误的。
A. 木质包装需加盖 IPPC 标识
B. 应正确申报寄递物品合理价值
C. 快件详情单应以英文填写
D. 用于礼品赠送的物品,在快件详情单上应注明"礼品"字样

52. 以下物品,(　　)是中国台湾海关规定禁止寄递的。
A. 纺织品　B. 茶叶　C. 麻将牌　D. 电子玩具

53. 寄发快件差异报告时,随同寄发的附件不包括(　　)。
A. 包牌　B. 封志　C. 封发清单　D. 问题件

54. 需要单独封装的是(　　)。
A. 更址快件　B. 撤回快件　C. 自取快件　D. 易碎快件

55. 库房堆码时,各堆位之间应(　　)。

A. 不需要隔离　　B. 不能留有通道

C. 码放优先快件　　D. 有明显的隔离或标志

56. 拖车堆码时,堆位之间使用绳网分隔,分隔方法有两端分隔和(　　)。

A. 立式分隔　　B. 逐层分隔　　C. 弹性分隔　　D. 固定分隔

57. 堆码时,应根据(　　)建立堆位。

A. 不同航班和车次及赶发时限　　B. 总包大小

C. 总包轻重　　D. 总包内快件种类

58. 收寄清单、运单结算联等资料,按(　　)送缴档案室保管。

A. 班次(日)　　B. 月　　C. 季度　　D. 年

59. 档案管理员在查核中发现计费错误,应(　　)。

A. 交由主管更改　　B. 更改错误数据并签字盖章

C. 更改错误数据　　D. 验知相关部门补收或退费

60. 快递业务档案从单据填制之日起,至少保管(　　)。

A. 一个月　　B. 三个月　　C. 半年　　D. 一年

二、多项选择题

1. 现场管理中整理的内容包括(　　)。

A. 系统地建立防伤病、防污、防火、防水、防盗、防损等保安措施

B. 明确作业现场每一项物品的用处、用法、使用频率,并且进行分类

C. 物品要清洁,而且员工本身也要清洁

D. 根据作业现场物品的分类来区分必要物品与不必要的物品并对现场进行清理

E. 将必要的物品按使用频率进行放置,并做好每日自我检查工作

2. 手动液压装卸车使用时的注意事项有(　　)。

A. 当叉板升高时,人不要蹲在后面

B. 不宜装体积过大或重量超过 50 公斤以上的快件

C. 搬运快件时,叉板不要太高,防止快件倒下摔坏快件或伤着人员

D. 一般不要用于室内作业

E. 经培训并持有特种作业操作证的司机方可开车

3. 交叉带式分拣机使用注意事项包括(　　)。

A. 开机前要注意设备上有无工作人员,防止发生安全事故

B. 机器运转时要有专人控制开关按钮,遇有危急情况立即关机

C. 掌握设备运行规律,发现故障和异常现象,立即停止运行,及时通知维修人员

D. 不要将物品类快件放到分拣机上

E. 不允许将不具备分拣条件的快件放到分拣机上

4. 营运物料管理的一般原则包括(　　)。

A. 方便运输原则　　B. 保护客户利益原则

C. 账目明晰原则　　D. 合理申请原则

E. 专人保管原则

5. 多件破损出现的原因包括(　　)。

A. 快件包装不够坚固,破损严重

B. 卸载后由于拖车翻倒,多个总包碰撞挤压导致

C. 没有使用集装器运输

D. 有尖锐棱角的特殊形状快件穿透包装,刺破其他快件包装导致

E. 快件在车厢内摆放不符合要求,碰撞挤压导致

6. 客户自取快件时,如为他人代领,需携带(　　)。

A. 代领人有效身份证明

B. 收件人身份证明有效证件原件或复印件

C. 收件人委托书

D. 寄件人身份证明有效证件原件或复印件

E. 寄件人委托书

7. 下面关于快件撤回的处理方法正确的是(　　)。

A. 如快件已经发出,尚未派送的,由处理人员填写一份新的运单,寄件方栏按原运单的寄件方资料填写,收件方栏按原运单的收件方资料填写,按做件规范将新运单和需撤回的快件重新包装整理

B. 如快件尚未发出的,可以直接办理撤回手续

C. 如快件已经发出,尚未派送的,由处理人员填写一份新的运单,寄件方栏按原运单的收件方资料填写,收件方栏按原运单的寄件方资料填写,按做件规范将新运单和需撤回的快件重新包装整理

D. 处理后,安排快件参加最近的中转班次进行中转

E. 直接将快件反向参与中转

8. 快件撤回的条件主要包括(　　)。

A. 必须是快件还未进入快递企业的转运网络时

B. 必须在收取快件的快递业务员没离开寄方客户时

C. 同城和国内异地快件尚未首次派送

D. 港澳和台湾快件尚未封发出境

E. 国际快件尚未封发出境

9. 进口快件总包拆解后,发现快件外包装破损,处理方法正确的是(　　)。

A. 在路单上批注

B. 快件退回

C. 进行复重,如果重量无异常,对外包装进行加固后进入下一环节

D. 如果破损严重且与运单重量不符,应拍照留存,与收件方联系后对内件进行检查,并将内件短少情况通知上一环节

E. 将总包情况验知发件部门即可

10. 下列叙述正确的是(　　)。

A. 辽宁省锦州市的邮政编码是 121000

B. 辽宁省朝阳市的邮政编码是 122000
C. 辽宁省阜新市的邮政编码是 123000
D. 辽宁省盘锦市的邮政编码是 124000
E. 辽宁省铁岭市的邮政编码是 125000

11. 下列叙述正确的是(　　)。
A. 江苏省海门市的邮政编码是 226100
B. 江苏省启东市的邮政编码是 226200
C. 江苏省通州市的邮政编码是 226300
D. 江苏省如东县的邮政编码是 226400
E. 江苏省海安县的邮政编码是 226500

12. 下列叙述正确的是(　　)。
A. 江西省上饶市的邮政编码是 334000
B. 江西省鹰潭市的邮政编码是 335000
C. 江西省宜春市的邮政编码是 336000
D. 江西省萍乡市的邮政编码是 337000
E. 江西省新余市的邮政编码是 338000

13. 下列叙述正确的是(　　)。
A. 湖北省荆州市的邮政编码是 434000
B. 湖北省黄石市的邮政编码是 435000
C. 湖北省鄂州市的邮政编码是 436000
D. 湖北省咸宁市的邮政编码是 437000
E. 湖北省荆门市的邮政编码是 438000

14. 下列叙述正确的是(　　)。
A. 四川省乐山市的邮政编码是 624000
B. 四川省雅安市的邮政编码是 625000
C. 四川省泸州市的邮政编码是 626000
D. 四川省广元市的邮政编码是 628000
E. 四川省遂宁市的邮政编码是 629000

15. 下列叙述正确的是(　　)。
A. 黑龙江省黑河市的电话区号是 0456
B. 黑龙江省鸡西市的电话区号是 0457
C. 黑龙江省伊春市的电话区号是 0458
D. 黑龙江省大庆市的电话区号是 0459
E. 黑龙江省鹤岗市的电话区号是 0460

16. 下列叙述正确的是(　　)。
A. 安徽省淮北市的电话区号是 0561
B. 安徽省铜陵市的电话区号是 0562
C. 安徽省宣城市的电话区号是 0563
D. 安徽省六安市的电话区号是 0564

E. 安徽省池州市的电话区号是 0565

17. 下列叙述正确的是(　　)。

A. 河南省焦作市的电话区号是 0391

B. 河南省鹤壁市的电话区号是 0392

C. 河南省濮阳市的电话区号是 0393

D. 河南省周口市的电话区号是 0394

E. 河南省漯河市的电话区号是 0395

18. 以下说法正确的是(　　)。

A. 白云国际机场在广州　　B. 萧山国际机场在杭州

C. 黄花国际机场在成都　　D. 天河国际机场在武汉

E. 双流国际机场在长沙

19. 国内快件分拣后的规格复核，主要是对(　　)进行复核。

A. 快件的发运路向是否有误

B. 快件的外包装是否破损

C. 保价快件是否单独封装

D. 装有易碎快件的总包是否加挂易碎标识

E. 重量低于 5kg 的小包装快件是否都封入总包

20. 以下叙述，(　　)是正确的。

A. 已报检的出入境货物，检验检疫机构尚未实施试验检疫的，报检人员可以向受理报检的机构申请更改报检信息

B. 已报检的出入境货物，检验检疫机构实施试验检疫但未出具证单的，报检人员可以向受理报检的机构申请更改报检信息

C. 检验检疫证单发出后，报检人员不可以申请更改

D. 超过有效期的检验检疫证单，不予更改

E. 检验检疫证单更改后与输入国法律法规不符的，不能更改

21. 针对快件在俄罗斯海关进行清关时，以下叙述，(　　)是正确的。

A. 进行快件海关报关的报关员必须是俄罗斯公民

B. 对所有出口快件均实行免税优惠政策

C. 出口快件的代理报关要求与进口要求相符

D. 对于报关文件齐全、足额缴纳关税、单货相符的快件，海关应在 3 个工作日内予以放行

E. 当进口物品申报价格低于海关风险价格参数时，需根据海关要求提供相应的合同成交价格证明文件，否则按照最低风险价格计征关税

22. 以下城市航空代码，(　　)属于德国。

A. BER　　B. FRA　　C. LET　　D. MUC

E. STR

23. 以下航空代码，(　　)属于美国。

A. CVG　　B. JFK　　C. MEM　　D. LAX

E. SFO

24. 以下城市,(　　)属于阿根廷。

A. 圣保罗　　B. 门多萨　　C. 科尔多瓦　　D. 里约热内卢

E. 布宜诺斯艾利斯

25. 我国一级行政区划名称包括(　　)。

A. Province　　B. Autonomous Region

C. Municipality　　D. Special Administration Region

E. Township

26. 对含有航空违禁品快件的处理方法包括(　　)。

A. 暂时扣留,按滞留件处理　　B. 通知寄件人限期领回

C. 由专人负责保管　　D. 单独场地保管

E. 及时告知客户,转陆运

27. 寄往日本的快件,在日本海关清关时,应该注意(　　)。

A. 化妆品必须提供进口许可证　　B. 眼镜片必须提供进口许可证

C. 茶叶必须提供进口许可证　　D. 纺织品必须提供进口许可证

E. 皮革制品须说明皮革的种类、产地及用途

28. 化工产品泄漏应急处理内容包括(　　)。

A. 疏散无关人员　　B. 隔离泄漏污染区

C. 做好个人防护　　D. 拨打"110"电话报警

E. 做好泄漏物的处置

29. 某处理中心收到快件差异报告内容:未收到 No. 1000 总包。查证的结果有可能是(　　)。

A. No. 1000 总包漏装　　B. No. 1000 总包误发另一处理中心

C. 总包清单打印有误　　D. 路途中无故丢失

E. No. 1000 总包迟缓

30. 一辆班车由北京至上海,路由规划顺序正确的是(　　)。

A. 北京—廊坊—沧州—枣庄—蚌埠—苏州—上海

B. 北京—枣庄—沧州—廊坊—蚌埠—苏州—上海

C. 北京—天津—徐州—蚌埠—南京—无锡—上海

D. 北京—天津—徐州—蚌埠—无锡—南京—上海

E. 北京—天津—徐州—无锡—南京—蚌埠—上海

三、判断题

1. 现场管理中安全的内容包括作业现场不仅要整齐,而且要做到清洁卫生。(　　)
2. 持有 C1 驾驶证的员工可以进行叉车驾驶操作。(　　)
3. 处理场地的监控资料保存时间不得少于 90 天。(　　)
4. 条码污染、受损无法扫描时,应手工键入条码信息。(　　)
5. 航空提货单错发目的地会导致有提单无件。(　　)
6. 总包拆解时,发现内件混杂情况,应及时、详细进行记录,并进行拍照及录像留存。(　　)

7. 快件更址必须填写新运单。　(　　)
8. 快件撤回是快递企业应该提供的服务,不应收取费用。　(　　)
9. 国际航空运输协会规定的航空运输快件体积重量计算公式中的系数为 6 000。　(　　)
10. 我国三级行政区划包括 333 个县级行政区划(县、自治县、县级市、市辖区、旗)。
(　　)
11. 吉林省四平市的邮政编码是 136000。　(　　)
12. 浙江省舟山市的邮政编码是 318000。　(　　)
13. 山东省泰安市的邮政编码是 271000。　(　　)
14. 湖南省湘潭市的邮政编码是 412000。　(　　)
15. 贵州省遵义市的邮政编码是 553000。　(　　)
16. 河北省衡水市的电话区号是 0318。　(　　)
17. 江苏省常州市的电话区号是 0512。　(　　)
18. 福建省漳州市的电话区号是 0596。　(　　)
19. 湖北省荆门市的电话区号是 0710。　(　　)
20. 四川省眉山市的电话区号是 028。　(　　)
21. 新疆维吾尔自治区哈密地区的电话区号是 0990。　(　　)
22. 国内快件分拣后的规格复核,要求重量低于 10kg 的小包装快件都封入总包。(　　)
23. 快递企业可以办理代理报关服务,但是不允许收取代理报关服务费。　(　　)
24. 欧盟海关根据相关法律法规征收快件各种税费,接受的货币为美元。　(　　)
25. 挪威英文名缩写是 NW。　(　　)
26. 韩国仁川国际机场的航空代码是 SEL。　(　　)
27. 法国的邮政编码是由 5 位数字组成。　(　　)
28. 意大利罗马钱皮诺国际机场的航空代码是 RCA。　(　　)
29. 加拿大多伦多国际机场的航空代码是 YYZ。　(　　)
30. 埃及目前暂未使用邮政编码。　(　　)
31. 对于临时进出口贸易(押宝退运)报关时,需要提供的资料不包括核销单。　(　　)
32. Human Resource Department 应译为商品开发部。　(　　)
33. 玩具手枪在 FISCAN X 射线系统下一般呈现绿色或橙色。　(　　)
34. 俄罗斯海关规定禁止寄递茶叶。　(　　)
35. 在快件处理中心产生的滞留件应保存于快件分拣区,待问题查证后再行处理。(　　)
36. 信件类快件与物品类快件不能混装到一个总包内。　(　　)
37. 库房堆码时,各堆位之间应有明显的隔离或标志,留有通道。　(　　)
38. 一辆班车由广州至昆明,总包装车顺序为"肇庆—文山—百色—南宁—玉溪—昆明"。
(　　)
39. 业务单据的整理、传递、管理要专人专管,做到出有记录进有签收。　(　　)
40. 企业内部因工作需要查阅、调阅档案,需主管领导批准。　(　　)

快递业务员(高级)快件处理职业技能鉴定模拟试题(理论)参考答案

一、单项选择题

1～5：C D D C C
6～10：C A B B D
11～15：D B B D B
16～20：B C C A C
21～25：A D C D C
26～30：B D A C B
31～35：A C D A D
36～40：C A D D C
41～45：D A B C A
46～50：C D C D D
51～55：D C D D D
56～60：B A A D D

二、多项选择题

1～5：B D E、A C、A B C E、C D E、A B D E
6～10：A B C、B C D、C D E、C D、A B C D
11～15：A B C D、A B C D E、A B C D、B D E 、A C D
16～20：A B C D、A B C D E、A B D、B E、A B D E
21～25：A C D E、A B C D E、A B C D E、B C E、A B C D
26～30：A C D E、A B C E、A B C E、A B C E、A C

三、判断题

1～5：× × × √ ×
6～10：√ × × √ ×
11～15：√ × √ × ×
16～20：√ × √ × √
21～25：× × × × ×
26～30：× √ × √ √
31～35：√ × √ √ ×
36～40：√ √ × √ √

附录四　快递业务员(高级)快件处理职业技能鉴定模拟试题(技能操作)

试题 1. 接发员小张至机场提取快件总包，发现航空提货单上总包数量为 32 包，而实际到达的总包数量为 33 包，请简要叙述处理方法。

(1)本题分值：10 分。

(2)考核时间：8 分钟。

(3)考核形式：笔试。

试题 2. 在某快件处理中心场地发生寄递物品中碳化钙(俗称电石，遇水立即发生激烈反应，生成乙炔，易燃，易灼伤皮肤且创面长期不愈)泄露并引起燃烧，作为场地工作人员的你应该如何去做?

(1)本题分值：8 分。

(2)考核时间：7 分钟。

(3)考核形式：笔试。

试题 3. 国际出口快件分拣。

(1)本题分值：20 分。

(2)考核时间：7 分钟。

(3)考核形式：实操。

(4)具体考核要求：在规定时间内，将 20 票文件类快件按照详情单有关寄达地信息，分拣到相应的分拣格口里(10 个格口分别用中文标注 10 个国家名)。

试题 4. 某快递企业北京至成都的干线班车途经石家庄、保定、汉中、阳泉、西安、临汾等地，北京至深圳的干线班车途经信阳、岳阳、长沙、新乡、韶关、衡阳、武汉、德阳、邯郸等地，请将图中数字对应的城市名称填入括号内。

1(　　)　　2(　　)　　3(　　)　　4(　　)

5(　　)　　6(　　)　　7(　　)　　8(　　)

9(　　)　　10(　　)　　11(　　)　　12(　　)

13(　　)　　14(　　)　　15(　　)

(1)本题分值：15 分。

(2)考核时间：5 分钟。

(3)考核形式：笔试。

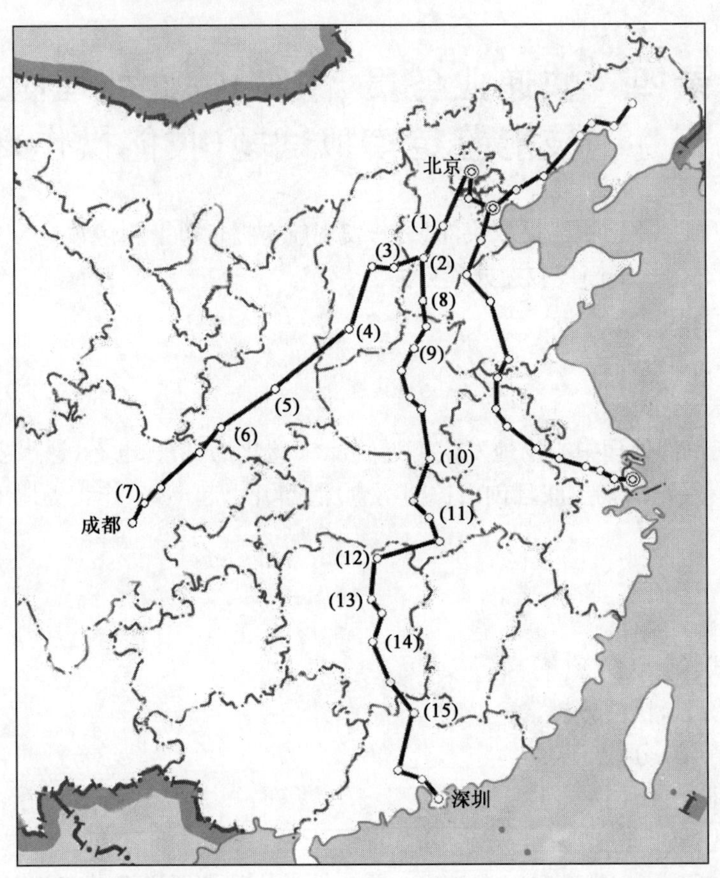
北京
(1)
(2)
(3)
(4)
(5)
(6)
(7)
成都
(8)
(9)
(10)
(11)
(12)
(13)
(14)
(15)
深圳

快递业务员(高级)快件处理职业技能鉴定模拟试题(技能操作)参考答案

[试题1参考答案]

(1)接发员确认快件外包装航空标签上件数情况。

(2)接发员确认发货方航空部门发件情况。

(3)若由于航空提货单标明的件数错误,由发货方航空部门通过出港航空公司确认,接发员提取多出的快件。

(4)如果提货时间紧张,无法及时提取多出的快件,为不影响整体作业计划,应留待下个提货批次提取快件。

(5)若到达件数多于实际发件数,接发员须确认多出总包内快件是否为本企业快件,如非本企业快件,应归还航空公司,不得私自拆封,更不得占为己有。

[试题2参考答案]

(1)疏散与隔离。

(2)做好个人防护。

(3)切断火源。

(4)泄漏物的安全处置。

[试题3参考答案]

快件详情单有关寄达地信息涉及:寄达国英文名缩写、寄达国首都名、寄达国城市名、寄达国城市(机场)航空代码等内容。

[试题4参考答案]

1(保定)	2(石家庄)	3(阳泉)	4(临汾)	5(西安)
6 (汉中)	7(德阳)	8(邯郸)	9(新乡)	10(信阳)
11(武汉)	12(岳阳)	13(长沙)	14(衡阳)	15(韶关)

快递业务员（高级）

职业技能鉴定考试指导手册

责任编辑：孙　玺　王文华
封面设计：王红锋

ISBN 978-7-114-09979-3
网上购书/www.jtbook.com.cn
定价：22.00元

快递业务员

职业技能鉴定考试指导手册

（中级）

国家邮政局职业技能鉴定指导中心　组织编写

人民交通出版社